10|18
12, avenue d'Italie — Paris XIIIe

PASTICHES
ET POSTICHES

PAR

UMBERTO ECO

Traduit de l'italien
par Bernard GUYADER

10 **18**

« *Bibliothèques 10/18* »
dirigé par Jean-Claude Zylberstein

NOTE DE L'ÉDITEUR

Les recherches de l'Éditeur pour retrouver le traducteur de cet ouvrage sont restées vaines. Aussi, si ce dernier venait à reconnaître sa traduction dans le présent volume, l'Éditeur le remercie de bien vouloir prendre contact avec lui.

Titre original :

Diario Minimo

© R.C.S. Libri & Grandi Opere SPA, Milan, 1992
© Éditions Messidor, Paris, 1988
pour la traduction française
ISBN 2-264-03215-4

« Music-hall, not poetry, is a criticism of life. »
James Joyce

PRÉFACE

En 1959, j'avais entrepris d'écrire pour Il Verri *(une revue littéraire à laquelle collaboraient ceux qui devaient fonder ensuite le « Groupe 63 ») une rubrique mensuelle intitulée* Journal minimum. *Le titre était dicté par des raisons de prudence : dans une publication consacrée aux expérimentations linguistiques de la néo-avant-garde et à d'imposants essais sur Ezra Pound et les idéogrammes chinois, j'introduisais des pages de réflexion extravagante sur des thèmes mineurs qui, souvent, étaient censées parodier les pratiques d'écriture que les autres collaborateurs de la revue élaboraient avec un esprit missionnaire et un zèle sublime. Je voulais donc m'excuser auprès des lecteurs d'avoir écrit ces pages. Elles auraient dû être comiques et grotesques, donc d'une dignité inférieure par rapport à celles qui les précédaient.*

Les premiers textes, qu'ils fussent de ma plume ou de celle de mes amis, ressemblaient du point de vue du genre littéraire aux Mythologies *de Roland Barthes. Le livre de Barthes avait paru en 1957, mais à l'époque où je commençais à écrire le* Journal minimum *je n'en avais pas encore pris connaissance. Sinon, je n'aurais pas osé consacrer, en 1960, un essai au strip-tease. Et c'est après l'avoir lu, je crois, que j'ai abandonné, par humilité, le style « Mythologies » et que je suis peu à peu passé au pastiche.*

J'avais en outre une raison profonde de pratiquer le pastiche : si l'opération de la néo-avant-garde consistait à

*bouleverser les langages de la vie quotidienne et de la
littérature, le comique et le grotesque devaient constituer
l'une des modalités de ce programme. D'autre part, la
tradition du pastiche — qui avait en France des représentants aussi illustres que Proust et qui connaissait dans cette
période les fastes de l'Oulipo et de Queneau — n'était
représentée en Italie que par deux auteurs de grande* vis
comica, *Luciano Folgore et Paolo Vita-Finzi.*

Tout cela explique la présence du Journal minimum
dans les pages de Il verri. *Puis, en 1963, les écrits publiés
en revue furent recueillis dans un volume et conservèrent
le titre de* Journal minimum, *même s'il ne s'agissait
pas d'un journal. Et désormais, pour désigner le genre,
nombreux furent ceux qui parlèrent de «* Journaux
minimum *».*

*Les textes aujourd'hui traduits en français proviennent
en partie du livre de 1963 et de ses ultérieures rééditions,
si bien que certains d'entre eux datent des années soixante-
dix. J'ai ajouté à ce choix deux textes écrits dans les années
quatre-vingt, tandis qu'ont été éliminés certains essais
auxquels je suis attaché mais que seul le lecteur italien
peut comprendre. La parodie, comme en général le comique, sont des genres liés à l'espace-temps. Le destin
d'Œdipe et celui d'Antigone nous émeuvent encore, mais
si nous n'avons pas une bonne connaissance de l'Athènes
classique il nous est difficile de saisir les allusions d'Aristophane. Ne me tenez pas rigueur d'avoir choisi des exemples
aussi illustres, ce n'était que pour me faire comprendre.*

*Même après avoir opéré ce choix, je dois aux lecteurs
français quelques explications sur les textes contenus dans
ce livre. Je sais qu'à vouloir expliquer le* Witz *ou le mot
d'esprit, on risque d'en gâter l'effet. Mais —* Si parva licet
componere magnis — *bien des discours de Panurge restent
incompréhensibles, si une note en bas de page ne précise
pas ce qu'était le langage de la Sorbonne*

Nonita *parodiait* Lolita *de Nabokov, en profitant d'ail-leurs du fait que le protagoniste répondait au nom de Humbert-Humbert. Naturellement, plus que de la parodie de Nabokov, il s'agissait de celle de la traduction italienne de son roman, mais je pense qu'il en reste néanmoins quelque chose, à travers ce jeu de traduction. Le milieu où se déroule mon histoire est celui des petits villages du Piémont, région où je suis né. Le titre* Nonita *a davantage de saveur en italien où « grand-mère » se dit « nonna ». Il devrait être clair que les textes poétiques cités dans* Fragments *sont des chansons familières aux oreilles des Italiens, diffusées par la radio des années trente aux années soixante. Le lecteur français pensera aux chansons de Tino Rossi. D'autres sont des extraits de chansonnettes populaires obscènes, de chansons à boire et de chansons de la période fasciste. Mais — in cauda venenum — le dernier extrait cité interpole aussi quelques vers de Gabriele d'Annunzio. Je dois signaler que ce pastiche a été étudié dans le cadre d'un séminaire universitaire de philologie classique, où professeurs et étudiants se sont demandé si par hasard ils ne soumettaient pas au même traitement les fragments des lyriques grecs.*

Mike Bongiorno était, et est toujours, un très populaire présentateur de jeux télévisés. Que les lecteurs français ne le connaissent pas n'a aucune importance. De tels personnages existent dans tous les pays, même si je continue à penser que Mike Bongiorno, dans son genre, est un génie.

Chacun s'apercevra que Esquisse d'un nouveau chat *(le texte italien portait déjà ce titre français) fait allusion à Robbe-Grillet et au Nouveau roman. Qu'il soit dit qu'en ce cas comme en d'autres, la parodie se veut aussi un hommage.*

L'autre empyrée transfère dans les sept cieux le style du commérage politique tel que nous le connaissons en Italie.

11

Malgré certaines allusions aux polémiques entre partis politiques italiens, je pense que ces pages pourront être comprises dans un pays qui a donné au monde un Pierre Poujade.

Industrie et répression sexuelle dans une société de la plaine du Pô *(le titre est déjà la parodie d'un livre de Malinowski) s'inspire des classiques de l'anthropologie anglo-saxonne (Margaret Mead, Ruth Benedict, Krœber, etc.). La partie philosophique ne fait appel qu'à des citations authentiques de Husserl, Binswanger, Heidegger — avec de légères retouches. Quant aux allusions à l'histoire du Risorgimento italien, j'espère qu'elles ne paraîtront pas absconses. L'analyse urbanistique de Milan a fait l'objet de discussions dans des départements d'architecture où l'on continue de se référer, aujourd'hui encore, au « paradoxe de la Porta Ludovica ».*

Où allons-nous finir ? *s'inspire de la critique sociale d'Adorno et de l'Ecole de Francfort. Certains passages sont des citations indirectes d'auteurs italiens qui en ces années-là « adornisaient ». Ce texte est de la même veine que le précédent, il s'agit de deux exemples de « regard éloigné ». Récemment, un groupe d'anthropologues a invité en France des chercheurs africains pour qu'ils interprètent les mœurs des Français. Les Africains ont observé avec stupeur, par exemple, que les Français avaient l'habitude de promener leur chien.*

La découverte de l'Amérique *a été écrit après le reportage télévisé en direct montrant l'arrivée des astronautes sur la lune. Les personnages (Stagno, Orlando, Baudo, etc.), sont tous des speakers et des show-men de la télévision italienne, mais encore une fois, je ne crois pas qu'en France, les choses se soient passées différemment.*

Tous les autres textes ne me semblent pas exiger d'explications particulières. Parmi les tout derniers, celui consacré à la carte de l'Empire est un hommage à Borgès, et l'analyse des trois chouettes est un exercice assez gai prenant pour cible maints critiques contemporains qui sont d'ailleurs mes amis, et de manière indirecte je m'y moque aussi de moi-même. Bien sûr, les Français ne connaissent pas « Ambaraba cicci cocco », mais il ne s'agit que d'une de ces comptines que récitent les enfants, notamment quand ils se mettent en rond avant de jouer à colin-maillard et qu'ils tirent au sort celui que se bandera les yeux.

Au moment de donner ces textes à l'impression dans une autre langue (leur traduction intégrale n'existe qu'en espagnol), j'éprouve un légitime sentiment d'orgueil, non pas tant pour ce qui me concerne, que pour le genre littéraire appelé parodie. Car ces parodies anticipent ce que d'autres ont ensuite écrit véritablement. Telle est la mission de la parodie : elle ne doit jamais craindre d'exagérer. Si elle vise juste, elle ne fait que préfigurer ce que d'autres réaliseront sans rougir, avec une impassible et virile gravité.

Umberto Eco

« NOUS SOMMES AU REGRET DE NE POUVOIR
PUBLIER VOTRE OUVRAGE... »
(rapports de lecture à l'éditeur)

Auteurs anonymes. *La Bible*

Je dois dire que, quand j'ai commencé à lire le manuscrit, et durant les premières centaines de pages, j'ai été enthousiasmé. Il est plein d'action et on y trouve tout ce que le lecteur demande aujourd'hui à un livre d'évasion : du sexe (beaucoup), avec des adultères, de la sodomie, des meurtres, des incestes, des guerres, des massacres, et ainsi de suite.

L'épisode de Sodome et Gomorrhe, avec les travestis qui veulent se faire les deux anges, est rabelaisien ; les aventures de Noé sont du pur Jules Verne ; la fuite d'Égypte est une histoire qui sera certainement portée un jour ou l'autre à l'écran... Bref, le véritable roman-fleuve, bien construit, ne lésinant pas sur les coups de théâtre, plein d'imagination, avec juste ce qu'il faut de messianisme pour plaire, sans donner dans le tragique.

Puis, en allant plus loin, je me suis aperçu qu'il s'agissait en fait d'une anthologie de différents auteurs, avec de nombreux, trop nombreux morceaux de poésie, dont certains franchement médiocres et ennuyeux ; de véritables jérémiades sans queue ni tête.

15

Le résultat, c'est un salmigondis monstrueux, qui risque de ne plaire à personne parce qu'il y a de tout. Et puis ça va être un sacré problème pour diviser les droits des différents auteurs, à moins que celui qui a établi le texte ne traite au nom de tous les autres. Mais je ne trouve son nom nulle part, pas même dans l'index, comme s'il y avait une certaine réticence à le mentionner.

Personnellement, je conseillerais de traiter pour voir si on peut publier à part les cinq premiers livres. Là, nous marchons en terrain sûr. Avec un titre du genre *Les Désespérés de la mer Rouge.*

Homère. *Odyssée*

L'ouvrage est de mon goût : l'histoire est belle, passionnante, pleine d'aventures. Il y a juste ce qu'il faut d'amour, la fidélité conjugale et les escapades adultères (excellent, le personnage de Calypso : une vraie mangeuse d'hommes) ; il y a même le moment « lolitesque » avec la petite Nausicaa, où l'auteur dit... tout en ne disant pas, mais, au bout du compte, il arrive à exciter. On y trouve des coups de théâtre, des géants avec un seul œil au milieu du front, des cannibales, et même un peu de drogue, mais moins qu'il n'en faut pour encourir les rigueurs de la loi, car, à ce que je sais, le lotus n'est pas prohibé par le *Narcotics Bureau.* Les scènes finales sont dans la meilleure tradition du western ; la bagarre est rude et l'épisode de l'arc est raconté avec un sens magistral du suspense.

Que dire d'autre ? On le lit plus facilement d'une traite que le premier livre du même auteur, trop statique avec son insistance sur l'unité de lieu, ennuyeux par la surabondance de péripéties — car, à la troisième bataille et au dixième duel, le lecteur a déjà compris le mécanisme. Et puis nous avons vu que l'histoire de Patrocle et

16

d'Achille, avec ce relent d'homosexualité à peine latente, nous avait valu des histoires avec le juge de paix de Lodi. Il n'en est pas du tout ainsi dans ce deuxième ouvrage : tout marche à la perfection ; jusqu'au ton qui est plus calme, pensé sinon pensif. Et puis le montage, le jeu des flash-back, les histoires à tiroirs... Bref, c'est de la haute école et cet Homère est vraiment très fort.

Trop fort, je dirais... Je me demande si tout est bien de son cru. Oui, bien sûr, plus on écrit et plus on s'améliore (et son troisième livre sera peut-être même du tonnerre de Dieu), mais ce qui me laisse perplexe — et m'incite en tout cas à donner un avis défavorable —, ce sont les complications que nous allons rencontrer sur le plan des droits. J'en ai parlé avec Eric Linder et j'ai compris que nous ne nous en sortirions pas facilement.

D'abord, impossible de retrouver l'auteur. Ceux qui l'ont connu disent que, de toute façon, c'était une corvée épuisante que de discuter avec lui sur les petites modifications à apporter au texte, car il était myope comme une taupe, il n'arrivait pas à suivre le manuscrit et donnait l'impression de ne pas bien le connaître. Il citait de mémoire, n'était pas sûr d'avoir écrit exactement comme ça, prétendait que la copiste avait fait des interpolations. L'avait-il écrit lui-même ou n'était-il qu'un prête-nom ?

Jusque là, rien de mal : l'editing est devenu un art et bien des livres confectionnés directement à la rédaction deviennent d'excellentes affaires éditoriales. Mais pour ce deuxième livre, il y a trop d'ambiguïtés. Linder assure que les droits n'appartiennent pas à Homère, parce qu'il faut aussi tenir compte de certains aèdes éoliens qui auraient une part sur certains passages.

D'après un agent littéraire de Chio, les droits reviendraient à des rhapsodes locaux, qui auraient pratiquement accompli un travail de « nègres », mais on ignore s'ils ont fait enregistrer leur œuvre auprès de la société d'auteurs de l'endroit. Un agent de Smyrne soutient au contraire que tous les droits reviennent à Homère, sinon qu'il est mort et que, par conséquent, c'est la ville qui doit encaisser les redevances. Mais ce n'est pas la seule ville à y prétendre. L'impossibilité d'établir si — et quand — notre bonhomme est mort, empêche de se réclamer de la loi de 43 sur les œuvres publiées après cinquante ans à compter de la mort de l'auteur. Il se trouve qu'un certain Callinos s'est manifesté : il prétend détenir tous les droits, mais veut qu'en plus de l'*Odyssée*, on achète *La Thébaïde, Les Épigones* et *Les Cypriennes* : outre que ça ne vaut pas grand-chose, beaucoup disent que ce n'est même pas d'Homère. Et puis, dans quelle collection les publierons-nous ? Maintenant, ces gens-là se sont mis en tête de faire des profits. J'ai essayé de demander une préface à Aristarque de Samothrace, qui fait autorité et sait s'y prendre, en espérant qu'il arrangerait les choses, mais je t'en fiche : il veut même établir, à l'intérieur du livre, ce qui est authentique et ce qui ne l'est pas. Comme ça, nous ferons une édition critique, et nous pourrons dire adieu à l'édition populaire ! Dans ces conditions, il vaut mieux tout laisser à Ricciardi [1], qui met vingt ans pour sortir un malheureux bouquin à un prix exorbitant, qu'il envoie en hommage aux directeurs de banque.

Bref, si nous nous lançons dans l'aventure, nous nous fourrons dans un guêpier juridique dont nous ne nous sortons plus ; le livre est mis sous séquestre, mais il ne s'agit pas d'un de ces séquestres pour outrage aux mœurs qui font vendre sous le manteau, c'est un séquestre pur et simple. À la rigueur, au bout de trois ans, le Livre de Poche vous l'achète, mais, en attendant, les sous, vous les avez déboursés et il vous a fallu tout ce temps pour les récupérer.

1. Éditeur italien connu pour ses éditions de luxe. N.D.T.

Je regrette beaucoup, car le livre en vaut la peine. Mais nous ne pouvons nous mettre à jouer en plus aux détectives. Donc, je laisserais tomber l'affaire.

Alighieri Dante. *La Divine Comédie*

Le travail d'Alighieri, bien qu'il soit d'un typique auteur du dimanche, affilié à l'ordre des pharmaciens, témoigne incontestablement d'un certain talent technique et d'un remarquable souffle narratif. L'ouvrage — écrit en langue vulgaire florentine — se compose d'une centaine de chants en tercets et se laisse lire avec intérêt en de nombreux endroits. Les descriptions d'astronomie et certains jugements théologiques concis et chargés de sens me paraissent particulièrement délectables. Plus facile et populaire, la troisième partie, qui traite de sujets plus proches du goût commun et touche aux intérêts quotidiens d'un lecteur possible, comme le Salut, la Vision Béatifique, les prières à la Vierge. La première partie est obscure et ambitieuse, avec des éléments d'érotisme trivial, des truculences et de véritables obscénités. C'est là une des nombreuses faiblesses rédhibitoires de l'ouvrage, car je me demande comment le lecteur pourra dépasser cette première partie qui, sur le plan de l'invention, n'en dit pas plus que ce qui a déjà été dit dans une série de manuels sur l'au-delà, de traités de morale sur le péché, ou la *Légende dorée* de Jacques de Voragine.

Mais le principal défaut est le choix, dicté par d'obscures velléités révolutionnaires, du dialecte toscan. Que le latin courant soit à rénover, c'est le vœu de tout le monde, et pas seulement des groupuscules de l'avant-garde littéraire, mais il y a une limite, sinon dans les lois du langage, du moins dans les capacités d'acceptation du public. Nous avons vu ce qui est arrivé avec l'opération dite des « poètes siciliens », ces bouquins que leur éditeur devait distribuer en faisant le tour des librairies à bicyclette, et qui ont fini en solde.

En outre, si on se met à publier un poème en toscan, il faudra ensuite en publier un en ferrarais, et un autre en frioulan, et ainsi de suite, si l'on veut contrôler tout le marché. Passe encore pour des plaquettes d'avant-garde, mais on ne peut se lancer là-dedans pour un pavé comme celui-ci. Personnellement, je n'ai rien contre la rime ; il faut pourtant reconnaître que la métrique quantitative est encore la plus populaire auprès des lecteurs de poésie, et je me demande comment un lecteur normal peut avaler ce chapelet de tercets en y trouvant du plaisir, surtout s'il est né, mettons, à Milan ou à Venise. Par conséquent, il vaut encore mieux songer à une bonne collection populaire qui ressorte à prix modéré la *Moselle* d'Ausone ou les *Carmina burana*. Laissons aux petites revues d'avant-garde les éditions numérotées du *Serment de Strasbourg*. C'est du joli, ce patchwork linguistique des ultramodernistes !

Tasso Torquato. *La Jérusalem délivrée*

Comme poème chevaleresque « à la moderne », ce n'est pas mal. C'est écrit avec grâce et les événements racontés sont relativement inédits ; il était temps d'en finir avec les resucées du cycle breton ou carolingien. Mais parlons clair : l'histoire a trait aux croisés et à la prise de Jérusalem ; le sujet a donc un caractère religieux. Nous ne pouvons avoir la prétention de vendre le livre aux jeunes gauchistes, et, le cas échéant, il s'agira de faire passer de bons papiers dans « La Vie Catholique » ou dans « Le Figaro Magazine ». À ce propos, je me demande comment seront accueillies certaines scènes érotiques un peu trop pimentées. Mon avis est donc favorable, à condition que l'auteur revoie le texte et en fasse un poème qui puisse être lu également dans les institutions religieuses. Je lui en ai déjà parlé et il ne me semble pas du tout hostile à l'idée d'un bon remaniement.

Diderot Denis. *Les Bijoux indiscrets* et *La Religieuse*

J'avoue que je n'ai même pas ouvert les deux manuscrits, mais je crois qu'un critique doit aussi savoir infailliblement ce qu'il faut lire ou non. Ce Diderot, je le connais : c'est quelqu'un qui fait des encyclopédies (il a corrigé un jour des épreuves chez nous) et il a maintenant en chantier une œuvre énorme en je ne sais combien de volumes qui ne sortira sans doute jamais. Il cherche partout des dessinateurs qui soient capables de copier l'intérieur d'une horloge ou les fils d'une tapisserie des Gobelins, et il finira par ruiner son éditeur. C'est un fichu enfileur de mouches et je ne crois vraiment pas qu'il soit homme à écrire quelque chose d'amusant dans le genre narratif, surtout pour une collection comme la nôtre, où nous avons toujours choisi des petites choses délicates, un peu émoustillantes, du genre Restif de la Bretonne. Comme on dit dans mon pays, « chacun son métier ».

De Sade Donatien Alphonse François. *Justine*

Le manuscrit se trouvait au milieu de beaucoup d'autres choses que j'avais à voir dans la semaine et, pour être sincère, je ne l'ai pas lu en entier. Je l'ai ouvert au hasard à trois reprises, en trois endroits différents, et vous savez que, pour un œil exercé, c'est déjà suffisant.

Bon, la première fois, je trouve un tas de pages consacrées à la philosophie de la nature, avec des analyses sur la cruauté de la lutte pour la vie, la reproduction des plantes et la succession des espèces animales. La deuxième fois, au moins une quinzaine de pages sur le concept de plaisir, sur les sens, l'imagination et autres choses du même genre. La troisième fois, encore vingt pages sur les rapports de soumission entre homme et femme dans les différents pays du monde. Il me semble que ça suffit. Nous ne cherchions pas une œuvre philosophique : le public d'aujourd'hui réclame du sexe, du sexe, et encore du sexe. Et si possible à toutes les sauces. La ligne à suivre est celle que nous avons amorcée avec *Les Amours du chevalier de Faublas*. S'il vous plaît, les livres philosophiques, laissons-les aux P.U.F.

De Cervantes Miguel. *Don Quichotte*

L'ouvrage, qui n'est pas toujours facile à lire, est l'histoire d'un gentilhomme et de son serviteur qui cheminent à travers le monde à la poursuite de chimères chevaleresques. Ce Don Quichotte est un peu fou (le personnage a beaucoup de relief et il est certain que Cervantes sait raconter), tandis que son valet est un homme simplet, doué d'un gros bon sens, auquel le lecteur ne tardera pas à s'identifier, et qui cherche à démythifier les croyances illusoires de son maître. Voilà pour l'histoire, qui se dénoue par quelques bons coups de théâtre et un certain nombre de péripéties savoureuses et amusantes. Mais l'observation que je voudrais faire dépasse le jugement personnel sur l'œuvre.

Dans notre prospère collection à bon marché « Les faits de la vie », nous avons publié avec un notable succès l'*Amadis de Gaule, La Légende du Graal, Le Roman de Tristan et Iseut, Le Lai du Laostic, Le Roman de Troie* et l'*Erec et Enide*. Maintenant, nous avons en option le

Lancelot, par ce jeune Robert de Boron, qui sera, à mon avis, le livre de l'année et obtiendra le Renaudot haut la main, car il plaît aux jurys populaires. Si nous prenons le Cervantes, nous publions un livre qui, pour beau qu'il soit, ne nous en fichera pas moins par terre toute la production que nous avons réalisée jusqu'à présent et fera passer ces autres romans pour des histoires à dormir debout. Je comprends la liberté d'expression, le climat de contestation et toutes ces choses-là, mais on ne peut tout de même pas scier la branche sur laquelle on est assis. D'autant plus que j'ai le sentiment que ce livre est la typique œuvre unique : l'auteur est à peine sorti de galère ; il est tout à fait mal en point. Je ne sais plus si on lui a coupé un bras ou une jambe, mais il n'a vraiment pas l'air d'avoir envie d'écrire autre chose. Je ne voudrais pas que, par manie de courir la nouveauté à tout prix, nous compromettions une ligne éditoriale qui a été jusqu'à présent populaire, morale (n'hésitons pas à le dire) et rentable. Ne pas prendre.

Manzoni Alessandro. *Les Fiancés*

En ce moment, le roman-fleuve marche très fort, s'il faut en croire les tirages. Mais il y a roman et roman. Si nous avions pris *Le Château de Trezzo* de Bazzoni ou la *Margherita Pusterla* de Cantù, à l'heure qu'il est nous saurions quoi mettre dans la collection de poche. Ce sont des livres qui se lisent et se liront encore dans deux siècles, car ils touchent de près le cœur du lecteur, sont écrits dans un style harmonieux et attrayant, ne dissimulent pas leurs origines régionales et traitent de sujets contemporains, ou que les contemporains ressentent ainsi, comme les luttes communales ou les querelles féodales. Ce n'est pas le cas de Manzoni : d'abord, il situe son roman au XVIIe siècle, qui, de notoriété publique, ne fait pas vendre. En second lieu, il tente une opération linguistique des plus discutables, élaborant une sorte de milanais-florentin qui n'est ni chair ni poisson et que je ne saurais certes conseiller aux élèves comme modèle pour leurs compositions.

Mais ce sont encore là des défauts mineurs. En fait, notre auteur a bâti une histoire apparemment populaire, à un niveau « bas » sur le plan stylistique et narratif, où il est question de deux fiancés sans le sou, qui ne parviennent pas à se marier à cause des manigances de je ne sais quel hobereau local ; à la fin, ils se marient et tout le monde est content. C'est un peu court pour les six cents pages que le lecteur devrait ingurgiter. De plus, sous couleur de nous tenir un discours moralisateur et onctueux sur la Providence, Manzoni nous administre à tout bout de champ des flopées d'idées pessimistes (jansénistes, reconnaissons-le honnêtement) et propose en fin de compte de mélancoliques réflexions sur la faiblesse humaine et sur les vices nationaux à un public qui est au contraire avide d'histoires héroïques, d'ardeurs mazziniennes, peut-être même d'enthousiasmes cavouriens, mais sûrement pas de sophismes sur le « peuple d'esclaves » que je laisserais de préférence à monsieur de Lamartine.

Le travers intellectuel consistant à toujours trouver des problèmes partout ne fait certes pas vendre les livres et s'avère plutôt une fumisterie typiquement transalpine qu'une vertu latine. Voyez dans l'« Anthologie » d'il y a quelques années comment Romagnosi faisaient un sort, en deux petites pages exemplaires, aux âneries de cet Hegel qui connaît aujourd'hui un succès fou en Allemagne. Notre public veut tout autre chose. Certes, il ne veut pas une narration qui s'interrompt à chaque instant pour permettre à l'auteur de faire de la philosophie de bazar, ou, pis encore, de faire du collage en montant deux proclamations du XVIIe siècle entre un dialogue écrit à moitié en latin et des tirades pseudo-populaires. Venant tout juste de déguster ce petit livre alerte et savoureux qu'est le *Niccolò de' Lapi* [1], j'ai eu quelque peine à lire ces *Fiancés*. Il suffit de l'ouvrir à la première page et de voir comme l'auteur s'attarde, avant d'entrer dans le vif du sujet, à une description de paysage à la syntaxe si épineuse et labyrinthique que l'on n'arrive pas à comprendre de quoi il parle, alors qu'il eût été tellement plus expéditif de dire, que sais-je ? « Un matin, dans les environs de Lecco... ». Mais c'est ainsi, tout le monde n'a pas le don de savoir raconter, et encore moins celui d'écrire en bon italien.

Au demeurant, ce n'est pas que l'ouvrage soit totalement dépourvu de qualités. Mais il faut bien se dire qu'on aura du mal à écouler le premier tirage.

Proust Marcel. *À la recherche du temps perdu*

C'est assurément un ouvrage important, peut-être un peu trop long, mais, en le débitant en volumes de poche, ça pourra se vendre.

Pas tel quel, attention ! Il faut un gros travail d'editing : il y a, par exemple, toute la ponctuation à revoir. Les phrases sont trop laborieuses ; certaines prennent une page entière. Avec un bon rewriting qui les ramène à la mesure de deux ou trois lignes chacune, en coupant davantage, en allant à la ligne plus souvent, on arriverait sûrement à tirer quelque chose de ce texte.

Si l'auteur n'est pas d'accord, il vaut mieux laisser tomber. Sous sa forme actuelle, l'ouvrage est — comment dire ? — trop asthmatique.

---

1. Roman (notoirement fastidieux) de Massimo d'Azeglio (1798-1866), gendre de Manzoni. N.D.T.

Kant Emmanuel. *Critique de la raison pratique*

J'ai fait lire le bouquin à Vittorio Saltini [1] qui m'a assuré que ce Kant ne valait pas grand-chose. À tout hasard, j'y ai jeté un coup d'œil, et je pense que, dans notre petite collection de philosophie, un livre pas trop gros sur la morale pourrait marcher, vu qu'il peut très bien être inscrit un de ces jours au programme de quelque université. Mais, ne l'oublions pas, l'éditeur allemand a dit que si nous le prenions, il faudrait nous engager à publier non seulement l'œuvre précédente, qui est un gros morceau en deux volumes au moins, mais aussi celle que Kant est en train d'écrire, dont je ne sais pas exactement si ça traite de l'art ou du jugement. Il faut dire que les trois livres portent presque le même titre (critique de ceci, critique de cela). Dans ces conditions, ou bien on les vend en coffret (et ça va faire cher pour les lecteurs), ou bien ils vont les confondre en les voyant dans les rayons de librairie, et se dire à tous les coups : « Non, celui-là, je l'ai déjà lu. » Cela risque de faire comme avec la *Somme* de ce dominicain que nous avons commencé à traduire, et dont nous avons dû finalement revendre les droits au Cerf parce qu'elle nous revenait trop cher.

Autre chose encore : l'agent allemand m'a dit qu'il faudrait aussi s'engager à publier les œuvres mineures de l'auteur, et il y en a tout un wagon, avec même quelque chose sur l'astronomie. Avant-hier, j'ai essayé de joindre ce Kant par téléphone à Königsberg, histoire de voir si on pouvait passer un accord pour un seul livre. Je suis tombé sur sa gouvernante. Elle m'a répondu que Monsieur était sorti et qu'il ne fallait jamais téléphoner entre cinq et six, parce que c'est l'heure de sa promenade. Ni entre trois et quatre, parce que c'est celle de sa sieste, et ainsi de suite.

---

1 . Célèbre critique littéraire italien. N.D.T.

Moi, je n'irais pas m'exposer aux pires ennuis avec un énergumène pareil, pour qu'au bout du compte on se retrouve avec les piles d'invendus en magasin.

Kafka Franz. *Le Procès*

Ce petit ouvragre n'est pas mauvais. Genre policier, avec des moments à la Hitchcock : par exemple, le meurtre de la fin, qui aura son public.

Mais on dirait que l'auteur l'a écrit sous la menace de la censure. Qu'est-ce que c'est que ces vagues allusions, cette absence de noms de personnes et de lieux ? Et pourquoi le protagoniste est-il traîné en justice ? En éclaircissant mieux tous ces points, en situant l'histoire de façon plus concrète, en fournissant des faits, surtout des faits, l'action gagnerait en netteté et le suspense en efficacité.

Ces jeunes écrivains s'imaginent faire de la « poésie » parce qu'ils disent « un homme » au lieu de « monsieur Untel, à tel endroit et à telle heure »... Donc, si on peut remanier, ça va. Sinon, je laisserais tomber.

Joyce James. *Finnegans Wake*

S'il vous plaît, dites à la rédaction de faire plus attention quand elle expédie les livres en lecture. Je suis le lecteur d'anglais et vous m'avez envoyé un livre écrit dans je ne sais quelle fichue langue. Je retourne le livre par envoi séparé.

TROIS NOTES DE LECTURE

Banque d'Italie, *Cinquante mille lires*, Presses de la Banque d'Italie, Rome, 1967.

Banque d'Italie, *Cent mille lires*, Presses de la Banque d'Italie, Rome, 1967.

Les deux œuvres en question peuvent être qualifiées d'éditions originales numérotées in-folio. Imprimées recto verso, elles montrent également, en transparence, un délicat travail de filigrane, ouvrage d'artisanat hautement qualifié et de technologie de pointe, rarement égalé, et toujours au prix d'efforts considérables et d'échecs périlleux, par d'autres éditeurs.

Alors qu'elles présentent toutes les caractéristiques de l'édition de luxe pour collectionneurs, elles ont été néanmoins tirées à un très grand nombre d'exemplaires. Cette décision éditoriale n'en a pas fait pour autant un exemple d'édition bon marché, de sorte que leur prix ne les met pas à la portée de toutes les bourses.

Cette situation paradoxale d'éditions qui, d'un côté envahissent le marché, et de l'autre valent (on nous pardonnera l'expression) leur pesant d'or, se reflète dans les anomalies de leur circulation. Il est possible que, à l'instar de ce qui se pratique dans les bibliothèques municipales, les amateurs s'astreignent à de lourds sacrifices pour le plaisir de les posséder et de les admirer, mais les cèdent au plus vite à un autre lecteur, si bien que les œuvres circulent avec une extrême rapidité de main en main (se détériorant inévitablement à l'usage) sans que pour autant la détérioration physique en altère la valeur. On pourrait même dire que l'usure les rend plus précieuses et stimule l'énergie et les efforts de ceux qui désirent les acquérir et se montrent disposés, pour les avoir, à payer plus qu'elles ne valent.

Précisions destinées à souligner les ambitions de cette initiative, qui a recueilli la plus large approbation, mais doit être justifiée par la valeur intrinsèque de l'œuvre.

Or c'est justement en examinant les qualités stylistiques des œuvres en question qu'on commence à être pris de quelques doutes sur leur validité, et à soupçonner que l'enthousiasme du public est peut-être dû à une supercherie pure et simple, ou suscité à des fins de spéculation. Avant tout, l'histoire racontée est incohérente sous bien des aspects. Si, dans le *Cinquante mille lires,* l'image en filigrane qui apparaît au recto, opposée symétriquement au visage de Léonard de Vinci, peut être interprétée comme une Sainte Anne ou une Vierge aux rochers, on ne voit pas quel rapport il peut y avoir, dans le *Cent mille lires,* entre l'image de femme grécisante du filigrane et le portrait d'Alessandro Manzoni. Pourrait-elle être une Lucia vue avec une sensibilité néo-classique, peinte ou gravée par un David qui aurait prévu la naissance de l'héroïne manzonienne ? Ou bien se voudrait-elle — mais nous risquons là de tomber dans la plus banale et la plus scolaire des allégories — l'image d'une Italie qui, en quelque sorte, se place dans un rapport de filiation avec le romancier lombard ? Surestimation du rôle politique de l'auteur du *Comte de Carmagnole*, ou typique opération avant-gardiste de réduction de l'idéologie à un langage (Manzoni père de la langue italienne et donc père de la nation, etc., etc. : dangereux syllogisme digne du Groupe 63 !). L'incohérence narrative ne peut que mettre le lecteur dans de mauvaises dispositions et, en tout cas, pervertir le goût des jeunes gens, si bien qu'il est souhaitable qu'au moins ceux-ci, avec les classes les plus incultes, soient tenus à l'écart de ces pages, dans leur propre intérêt.

Les incohérences du contenu ne s'arrêtent pas là. Devant une telle méticulosité, empreinte soit de néo-classicisme, soit de réalisme bourgeois (les portraits des deux artistes ainsi que les paysages du verso paraissent cependant obéir aux canons du plus étroit réalisme socialiste : concession, sans doute, à la politique de centre gauche), on ne voit pas bien à quoi vise l'insertion violente du motif exotisant : « Payable à vue au porteur » ; alors que l'image de la caravane africaine et de la file de nègres chargés de balles de coton et faisant la queue pour obtenir quelque chose en échange de leur marchandise passée en contrebande introduit des motifs à la Jules Verne ou à la Pierre Benoit dans un contexte qui entendait se réclamer de modèles littéraires bien différents.

Par ailleurs, les mêmes incohérences que l'on relève au niveau du contenu apparaissent également sur le plan des contaminations formelles. Pourquoi ce ton réaliste des portraits, alors que tout le décor environnant s'inspire clairement des hallucinations psychédéliques en se présentant comme la chronique visuelle d'un voyage d'Henri Michaux au pays de la mescaline ? Tourbillons, spirales, fins tissus ondulants, l'œuvre révèle ses intentions hallucinatoires, sa volonté de faire briller aux yeux du lecteur un univers de valeurs factices, de fictions perverses... La répétition obsédante du motif du mandala (chaque page présente au moins quatre ou cinq symétries radiées dont l'origine bouddhique est évidente) trahit, dans cette écriture, une métaphysique du néant.

L'œuvre comme pur signe d'elle-même. C'est à cela que nous porte la poétique contemporaine et c'est cela que viennent nous confirmer ces feuilles, que d'aucuns souhaiteraient sans doute grouper en un volume potentiellement infini, comme il devait en être pour le *Livre* de Mallarmé. Prétention inutile, car le signe qui renvoie à d'autres signes se dilapide dans sa propre nullité, derrière laquelle — nous le craignons — il n'existe plus aucune valeur concrète.

Exemple extrême de la dissipation culturelle de notre époque, voilà que l'approbation avec laquelle les lecteurs ont accueilli ces œuvres nous semble de fort mauvais augure : le goût de la nouveauté masque l'esthétique de l'obsolescence, c'est-à-dire de la consommation. L'exemplaire que nous avons sous les yeux semble encore nous promettre, grâce au chiffre qui le particularise, la possibilité d'une possession intime, *ad personam*. Duperie, car nous savons que le goût de la dissipation intellectuelle portera bien vite le lecteur à chercher d'autres exemplaires, comme pour retrouver dans le changement continuel les garanties que ne lui offre pas l'exemplaire unique. Signe dans un monde de signes, chacune de ces œuvres apparaît comme un moyen de se détacher des choses. Son réalisme est factice, de même que son avant-gardisme psychédélique masque des altérations plus profondes. Quoi qu'il en soit, nous remercions l'éditeur pour les exemplaires de service de presse qu'il a bien voulu nous faire parvenir.

Histoire d'O (projet de note de lecture pour « Marie-Claire »)

Combien de temps et quels soins particuliers doit prendre une femme qui se prépare à passer une soirée avec son fiancé ? Nous avons déjà abordé le problème à plusieurs reprises dans ces colonnes, mais qu'il nous soit permis d'y

31

revenir à l'occasion de la sortie de ce petit livre, dû probablement à la plume d'une célèbre esthéticienne internationale qui a préféré se cacher derrière le pseudonyme de Pauline Réage.

Le principal mérite de cet ouvrage est l'attention qu'il accorde à des détails de toilette souvent ignorés des guides et des rubriques hebdomadaires traitant de ce sujet, détails qui nous semblent au contraire de la plus haute importance. Nos distinguées lectrices pourront donc trouver d'utiles indications sur la mise en place d'anneaux de fer aux chevilles et aux poignets, accessoires qui sont habituellement laissés de côté, sous prétexte qu'il est nécessaire de veiller avec grand soin à ce qu'ils soient convenablement serrés. En effet, lorsque vous vous faites fixer un anneau (si possible par un ferronnier camouflé : on peut en trouver d'excellents chez tous les coiffeurs pour dames ; ou bien il vous suffira de téléphoner à la S.A.D.E. (Société d'Assistance des Déflorateurs Emasculeurs), qui vous enverra un masseur à domicile dans les plus brefs délais), prenez garde qu'il ne soit pas monté de façon trop lâche pour pouvoir provoquer ces profonds sillons bleuâtres, avec des gouttelettes de sang et un léger exsudat hématique au niveau des capillaires de la cheville et du poignet, qui plaisent tant à vos fiancés. L'anneau doit être attaché comme nos grands-mères savaient le faire pour leur ceinture de chasteté, sans craindre qu'il soit trop serré. Car il n'y a rien de tel que sa morsure légère pour vous donner cet air conquérant et altier, en même temps que ce regard humide de gazelle effarouchée, auxquels votre petit ami sera incapable de résister.

Il faudra en revanche plus de travail (s'y prendre au moins une heure à l'avance) pour appliquer un verrou en or aux grandes lèvres de la vulve. Le livre de madame Réage montre à merveille comment l'opération peut être exécutée en quelques gestes essentiels ; malheureusement elle n'indique pas où l'on peut trouver en vente les objets dont elle parle, mais une minutieuse exploration dans les tiroirs de votre maman pourra vous apporter d'amusantes découvertes. La femme qui aime sait en effet comment réhabiliter de vieux objets tombés en désuétude en leur conférant une nouvelle et stimulante fonction.

Enfin, vous n'oublierez pas (et le livre est prodigue de conseils sur ce point) de marquer votre corps, avec toute la fantaisie possible, de longues traînées sanglantes que vous obtiendrez en utilisant un petit fouet de toilette muni de clous de tapissier. On en trouve d'excellents à Barcelone, même si ceux de Hong Kong font aujourd'hui fureur (il semblerait, du reste, qu'ils sont fabriqués au Creusot). Par ailleurs, il ne faudra pas forcer la dose : le livre en question explique fort bien que votre fiancé pourra veiller lui-même à vous en procurer d'autres, surtout s'il peut compter parmi ses plus fidèles amis quelques gentilshommes anglais en proie au spleen. Cela si votre homme travaille dans un milieu international qui lui permet d'avoir des relations choisies. S'il n'en était pas ainsi, il vaudrait mieux ne pas s'en remettre aux conseils de madame Réage, qui a manifestement en vue une utilisatrice d'un certain rang social. Si tel n'est pas votre cas (mais quelle honte y a-t-il à cela ?), vous pouvez vous fier à un autre petit livre fort précieux, intitulé *Liste des infirmités et mutilations valant pour l'exemption du service militaire*, publié à l'intention de nos lectrices par le Ministère des Armées.

D.H. Lawrence. *L'Amant de lady Chatterley*

Enfin, un souffle d'air frais. Le critique se sent troublé par une émotion faite de pudeur et d'embarras à parler de ce livre à peine arrivé sur sa table comme une comète de Bethléem dans le trouble firmament de l'érotomanie

contemporaine. Au milieu d'une galaxie de Justines tortu-
rées par les plus récentes Marquises d'O, d'Emmanuelles
occupées aux expériences les plus raffinées du *coïtus
ininterruptus,* de couples multiples qui s'accouplent et se
réaccouplent selon une réciprocité géométrique ; à une
époque de revues pour hommes seuls et de revues seulement
pour hommes (qui sont lues, bien entendu, seulement par
des femmes), de bandes dessinées sadomasochistes ; en un
temps où un film réussit à faire scandale s'il met en scène
une femme hétérosexuelle habillée, régulièrement mariée et
satisfaite de son mari, comptable à la Banque Commerciale
(laissant planer ainsi, dans les classes aisées, un soupçon
d'irrémédiable détérioration des mœurs) ; alors même que
la sexualité humaine devient l'objet d'enquêtes exagérément
minutieuses de la part de « La Vie Catholique », et que la
copulation à seule fin de reproduction évoque maintenant
les psychopathies les plus forcenées jamais imaginées par
un Kraft-Ebing, — voici une « love story » propre, limpide,
absolument dépourvue de toute sophistication, comme les
aimaient nos grands-mères.

L'intrigue est simple : une dame de la noblesse, nourrie
(et dégoûtée) des valeurs consommationnistes de notre
ère technologique, tombe amoureuse d'un garde-chasse ;
manifestement, ce garde-chasse vient d'un monde différent,
d'un paradis terrestre encore sans tache qui ignore la
pollution atmosphérique (même s'il n'ignore pas la pollution sexuelle) et la mutation écologique. Leur amour est
pur : c'est une suite d'expériences merveilleuses, à l'abri
du moindre soupçon de perversion ; une rencontre entre
des êtres de sexe opposé solidement attachés aux lois de la
nature, comme cela arrivait seulement dans ces histoires
d'amour dont ne se repaissent à présent que les fanatiques
de la *nostalgia press*, avides de retrouver dans le fatras
des bouquinistes les histoires que l'industrie culturelle
n'ose plus produire du fait de son conformisme dans

l'anticonformisme, attitude qui à quelque chose d'ambigu et d'insensé.

Voici donc un livre que les jeunes générations devraient lire. Elles accueilleraient plus facilement une vision plus propre et plus pudique de la vie, des sentiments authentiques et non frelatés, le goût des choses simples et honnêtes qui fleurent bon la huche et la lavande.

Un livre pour les femmes frustrées et inquiètes, pour les épouses heureuses, pour les maris volages à la recherche d'une redéfinition élémentaire des rapports familiaux. Un livre pour les couples insatisfaits en quête de vérité. Un livre dont les pages limpides, sobres, exemptes de gratifications fétichistes, pourraient aider à découvrir un sens plus sain à la relation sentimentale et à rajeunir une vie de couple marquée par la rancœur, l'ennui, et privée de cette notion des valeurs fondamentales que tout esprit équilibré désire forcément retrouver.

Le style du récit est fréquemment gâché par des traits de maniérisme décadent ; et nous conseillerions à l'auteur de ne pas s'inspirer aussi aveuglément des sophismes discutables de Marshall Mc Luhan pour mener son analyse de la société contemporaine. Çà et là affleurent encore des vestiges d'une conception fondée sur la lutte des classes, sensible dans la façon embarrassée dont l'auteur définit les rapports humains entre ses personnages. On pourrait peut-être lui suggérer d'adopter un style plus net et plus réaliste dans sa manière de traiter les scènes érotiques, qui, pour le goût contemporain, paraissent encore trop tenues en lisières par la pruderie victorienne. Une fois qu'on a décidé d'aborder librement un sujet de ce genre, il faut un peu plus de hardiesse dans la description des actes, des situations, des parties du corps.

Mais, quoi qu'il en soit, nous nous trouvons en présence d'un livre d'une grande puissance, d'une grande envergure spirituelle, clair, honnête, délicatement romantique, un livre dont aucun critique n'hésitera à recommander la lecture dans les écoles, pour rappeler aux enfants aussi, contre les excès de l'érotisme contemporain qui assaillent leur tendre sensibilité sans défense, qu'il existe encore dans le monde des valeurs intactes comme la Vie, la Nature et le Sexe — pris dans son sens virginal et vital.

NONITA[1]

Le manuscrit du présent récit nous a été remis par le gardien-chef de la prison municipale d'une petite ville du Piémont. Les renseignements confus que l'homme nous a fournis sur le mystérieux prisonnier qui l'abandonna dans une cellule, l'épaisse brume qui entoure la destinée du narrateur, une certaine réticence, aussi générale qu'inexplicable, chez ceux qui connurent l'individu à l'origine de ces pages, tout cela nous engage à nous contenter de ce que nous savons, de même que nous nous accommodons de ce qui subsiste du manuscrit — le reste ayant été rongé par les rats —, et qui permettra au lecteur, pensons-nous, de se faire une idée de l'extraordinaire aventure vécue par cet Umberto Umberto (mais le mystérieux prisonnier ne fut-il pas par hasard Vladimir Nabokov, paradoxalement réfugié dans cette région des *Langhe*[2], et ce manuscrit ne montre-t-il pas la face opposée de notre protéiforme immoraliste ?), et enfin de tirer de ces pages ce qui en constitue la leçon cachée : sous les dehors du libertinage, une leçon de suprême moralité.

Nonita. Fleur de mon adolescence, angoisse de mes nuits. Pourrai-je jamais te revoir ? Nonita. Nonita. Nonita. Trois syllabes, comme une négation faite de douceur. No. Ni. Ta. Nonita, puissé-je me souvenir de toi tant que ton image ne sera pas devenue ombre et ton séjour sépulcre.

1. À rapprocher également de « nonnita », qui signifie « petite grand-mère » en italien. N.D.T.
2. Région située au sud du Piémont, entre Turin et la côte. N.D.T.

Je m'appelle Umberto Umberto. À l'époque des faits que je vais rapporter, je succombais bravement au triomphe de l'adolescence. Au dire de ceux qui me connurent, non de ceux qui me voient à présent, lecteur, amaigri dans cette cellule, avec les premiers signes d'une barbe prophétique qui me durcit les joues, au dire de ceux qui me connurent en ce temps-là, j'étais un sémillant éphèbe, avec cette ombre de mélancolie que je dois sans doute aux chromosomes méridionaux d'un aïeul calabrais. Les adolescentes que je côtoyais me convoitaient avec toute la violence de leur utérus en fleur, faisant de moi la tellurique angoisse de leurs nuits. Je ne me rappelle pas grand-chose des filles que je rencontrai, car j'étais atrocement en proie à une tout autre passion, et mes yeux effleuraient à peine leurs joues que dorait à contre-jour un soyeux et transparent duvet.

J'aimais, ami lecteur, et avec toute la folie de mes ardentes années, j'aimais celles que tu appellerais sans doute, avec une nonchalance distraite, « les vieilles ». Je désirais des plus profonds replis de mes fibres imberbes ces créatures déjà marquées par les rigueurs d'un âge implacable, ployant sous le rythme fatal des quatre-vingts ans, affreusement minées par le fantôme désirable de la sénilité. Pour désigner ces femmes-là, inconnues de la plupart, reléguées dans l'ombre par l'indifférence charnelle que leur témoignent les classiques amateurs de gaillardes Frioulanes dans la fleur de l'âge, j'emploierai, lecteur, — gêné, même en cela, par les débordements impétueux d'un savoir qui paralyse en moi toute expression naturelle à laquelle je pourrais me risquer —, un terme dont je ne désespère pas qu'il soit juste : celui de *parquettes*.

Que dire, à vous qui me jugez (*toi, hypocrite lecteur, mon semblable, mon frère !*), du gibier matinal qui s'offre dans ces marais de notre monde souterrain au très rusé amateur de parquettes ? Vous qui courez dans les jardins l'après-midi, à la banale poursuite des jouvencelles à peine tumescentes, que savez-vous de la chasse humble, secrète, sardonique que l'amateur de parquettes peut mener sur les bancs des vieux jardins, dans l'ombre odorante des basiliques, à travers les sentiers cailouteux des cimetières suburbains, au coin des hospices durant les heures dominicales, aux portes des asiles de nuit, dans les files psalmodiantes des processions patronales, aux loteries de bienfaisance, dans un affût amoureux fait de tension extrême et, hélas, inexorablement chaste, pour épier de près ces visages creusés de rides volcaniques, ces cernes arrosés de cataracte, ce mouvement vibratile des lèvres desséchées, ravalées dans l'affaissement exquis d'une bouche édentée, sillonnées parfois d'un filet d'extase salivaire, ces mains triomphantes de nodosités, qui s'agitent d'un tremblotement lubrique et provocant en égrenant un interminable chapelet ?

Pourrai-je jamais te faire partager, ami lecteur, la langueur désespérée de ces fugitives conquêtes des yeux, le frémissement convulsif de certains contacts imperceptibles, un coup de coude dans la cohue du tram (« Pardon, madame, voulez-vous vous asseoir ? » Oh, satanique ami, comment osais-tu recueillir l'humide regard de reconnaissance et le « Merci, mon bon jeune homme ! », toi qui aurais tant voulu te livrer hic et nunc à ta bacchanale de la possession ?), l'effleurement d'un genou vénérable avec ton mollet, lorsque tu te faufilais entre deux rangées de fauteuils dans la solitude postméridienne d'un cinéma de quartier, le serrement plein de tendresse contenue — rare moment du contact extrême ! — du bras osseux d'une vieillarde que j'aidais à traverser au feu rouge avec un air contrit de jeune explorateur ?

Les vicissitudes de ma frondeuse jeunesse me portaient à d'autres rencontres. Comme je l'ai dit, j'avais un certain charme, avec mes joues mates et un visage tendre de jeune fille accablée par une douce virilité. Je ne fus pas sans

39

connaître les amours juvéniles, mais je les subis, comme un tribut versé aux nécessités de l'âge. Je me souviens d'un soir de mai, peu avant le crépuscule : dans le jardin d'une noble villa de la région de Varèse, non loin du lac qui rougeoyait sous les feux du soleil couchant, je me retrouvai allongé à l'ombre d'un buisson avec une gamine de seize ans, au visage couvert de taches de rousseur, prise dans un tourbillon de sensations amoureuses tout à fait désolant. Et ce fut en cet instant, tandis que je lui livrais à contrecœur le sceptre tant convoité de ma pubère thaumaturgie, que je vis, lecteur, ou plutôt que je devinai la silhouette d'une nourrice décrépite courbée en deux, en train de dérouler le long de sa jambe l'amas informe d'un bas de coton noir. La vision fulgurante de ce membre hypertrophié, marqué de varices, caressé par le mouvement maladroit des vieilles mains occupées à dévider le vêtement, m'apparut (ô mes yeux brûlants de concupiscence !) comme un atroce et enviable symbole phallique cajolé par un geste virginal. Et ce fut en cet instant que, en proie à une extase accrue par la distance, j'explosai dans un râle, me répandant en marques de soumission aux lois biologiques, que la fille (petite morveuse sans cervelle, comme je te détestai alors !) reçut en gémissant comme une libation versée en l'honneur de ses charmes encore verts.

As-tu jamais compris, stupide instrument de ma passion différée, que tu goûtas là le plat destiné à une autre table, ou bien l'obtuse vanité de tes trop jeunes années te fit-elle voir en moi un fougueux, inoubliable et criminel complice ? Partie dès le lendemain avec ta famille, tu m'envoyas au bout d'une semaine une carte signée « ta vieille amie ». Devinas-tu la vérité et me révélas-tu ta sagacité par l'usage délibéré de cet adjectif, ou bien fut-ce de ta part simple bravade triviale d'une lycéenne frondant les règles langagières de la politesse épistolaire ?

Depuis ce jour, comme je fixai en tremblant la moindre fenêtre, dans l'espoir d'apercevoir les formes décaties d'une octogénaire au bain ! Combien de soirs, à demi caché derrière un arbre, je me livrai à mes débauches solitaires, le regard tendu vers l'ombre que dessinait sur un rideau une aïeule occupée le plus suavement du monde à mâchonner son dîner ! Et l'horrible désillusion, soudaine et foudroyante *(Ô rage, ô désespoir !)*, en voyant la silhouette se soustraire au mensonge des ombres chinoises et se révéler, sur l'appui de la fenêtre, pour ce qu'elle était : une ballerine dans le plus simple appareil, aux seins turgescents et aux hanches ambrées de cavale andalouse !

C'est ainsi que, des années durant, je me lançai, jamais assouvi, dans cette poursuite toujours déçue d'adorables parquettes ; la volonté tendue dans une quête qui, je le sais, tirait son indélébile origine de l'instant où je vins au monde, et où une vieille sage-femme édentée — après les recherches infructueuses de mon père qui, à cette heure de la nuit, n'avait pas été capable d'en trouver une autre que cette créature déjà au bord de la tombe ! — me fit sortir de la prison visqueuse des entrailles maternelles et me fit voir, à la lumière de la vie, son immortel visage de *jeune parque.*

Je ne cherche pas à me justifier auprès de vous qui me lisez (*à la guerre comme à la guerre !*), mais je veux au moins vous expliquer combien a été fatal le concours de circonstances qui m'amena à la conquête que j'allais faire.

La fête à laquelle j'avais été invité était une sordide *petting party* de jeunes mannequins et d'étudiants impubères. L'ondulante lubricité de ces nymphettes en chaleur, la désinvolture avec laquelle leurs seins s'offraient en pointant à travers un corsage déboutonné dans l'élan d'une figure de danse, tout cela me dégoûtait. Je songeais déjà à quitter sans plus tarder ce lieu de banal commerce de flancs encore intacts, lorsqu'un son très aigu, presque strident (pourrai-je jamais exprimer l'acuité vertigineuse, le rauque decrescendo des cordes vocales déjà usées, *l'allure suprême de ce cri centenaire* ?), un gémissement tremblotant de très vieille femme plongea l'assemblée dans le silence. Et, dans l'embrasure de la porte, je la vis, elle ; le visage de la lointaine parque du choc prénatal, encadré par la cascade lyrique de la chevelure chenûment lascive ; le corps perclus qui dessinait des angles aigus dans l'étoffe de la petite robe noire et râpée ; les jambes devenues fluettes qui s'arquaient inexorablement ; la ligne fragile du fémur, son point faible, se dessinant sous la pudeur antique de la vénérable jupe.

L'insipide jeune fille qui nous recevait eut un geste de politesse forcée. Elle leva les yeux au ciel et déclara : "C'est ma grand-mère"..

La partie intacte du manuscrit s'arrête à cet endroit. D'après ce qu'il est permis de déduire des lignes éparses qu'on peut encore lire, l'histoire devrait se poursuivre ainsi : Umberto Umberto enlève quelques jours plus tard la grand-mère de son hôtesse et s'enfuit avec elle, en la portant sur le cadre de sa bicyclette, en direction du Piémont. D'abord, il la conduit dans un asile de vieillards, où, la nuit, il la connaît charnellement, découvrant, entre autres, que la vieille n'en est pas à sa première expérience. Au lever du jour, alors qu'il fume une cigarette dans la pénombre du jardin, il est abordé par un jeune homme à l'air louche qui lui demande sournoisement si la vieille femme est effectivement sa grand-mère. Inquiet, il quitte l'hospice avec Nonita et se lance dans une vertigineuse pérégrination sur les routes du Piémont. Il se rend à la Foire aux Vins de Canelli, à la Fête de la Truffe d'Alba ; il prend part au défilé de Gianduja à Caglianetto, à la foire aux bestiaux de Nizza Monferrato, à l'élection de la Belle Meunière d'Ivrea, à la course aux sacs pour la fête patronale de Condove.

Au terme de cette folle randonnée à travers l'immensité du pays qui l'accueille, il s'aperçoit que, depuis un certain temps, sa bicyclette est discrètement suivie par un jeune homme en scooter, qui réussit à éviter toutes les embuscades. Un jour, à

Incisa Scapaccino, il emmène Nonita chez un pédicure, et s'éloigne quelques instants pour acheter des cigarettes. Quand il revient, il constate que la vieille femme l'a abandonné et a disparu avec son ravisseur. Il passe quelques mois dans un profond désespoir et finit par retrouver Nonita, qui revient d'un institut de beauté où son séducteur l'a conduite. Son visage n'a plus de rides, ses cheveux sont teints d'un blond cuivré et sa bouche est regarnie. Umberto Umberto est pris d'un sentiment d'infinie pitié et de désespoir résigné à la vue d'un tel désastre. Sans dire un mot, il se procure un fusil de chasse et part à la recherche du misérable. Il le trouve dans un camping en train de frotter deux morceaux de bois pour allumer du feu. Il tire sur lui une, deux, trois fois, sans l'atteindre, jusqu'à ce que deux prêtres en béret noir et veste de cuir se saisissent de lui. Il est rapidement livré à la justice et condamné à six mois pour port d'arme illicite et chasse hors saison.

FRAGMENTS

IVᵉ Congrès Intergalactique
d' Études Archéologiques
— Sirius, 4ᵉ Section de la 121ᵉ Année Mathématique.
Exposé du Pr Anouk Ooma,
du Centre Universitaire Archéologique
de la Terre du Prince Joseph — Terre arctique.

Chers collègues,

Vous n'êtes pas sans savoir que les savants arctiques mènent depuis longtemps des recherches passionnées pour mettre au jour les vestiges de la très ancienne civilisation qui fleurit dans les zones tempérées et tropicales de notre planète avant que la catastrophe survenue en l'an 1998 de l'ère antique, an Un de l'Explosion, n'y efface toute trace de vie ; dans ces zones qui, pendant des millénaires, restèrent tellement contaminées par la radioactivité que c'est seulement depuis quelques décennies que nos expéditions peuvent s'y aventurer sans risque excessif, pour tenter de révéler à la Galaxie tout entière le degré de civilisation atteint par nos ancêtres. On ne pourra jamais comprendre comment des êtres humains ont pu habiter des contrées aussi intolérablement torrides et comment ces gens ont pu s'adapter au délirant système de vie imposé par la folle alternance de très brèves périodes de lumière et de très brèves périodes d'obscurité ; et pourtant nous savons que les anciens terriens, dans ce vertigineux carrousel de lumière et d'ombre, surent trouver des rythmes de vie et édifier une civilisation riche et organisée. Quand, voici soixante-dix ans (c'était en l'an 1745 de l'ère de l'Explosion), partant de la base avancée de Reykjavik — le légendaire Avant-poste Sud de la civilisation terrienne — l'expédition du professeur Amaa A. Kroak atteignit la lande dite de France, notre mémorable savant démontra de façon irréfutable comment l'action combinée de la radioactivité et du temps avait fait disparaître toute trace fossile. On désespérait donc de découvrir quoi que ce soit sur nos lointains aïeux, lorsque, en 1790 apr. E., l'expédition du professeur Ulak Amajacoa, mettant à profit les puissants moyens mis à sa disposition par l'Alpha Centauri Foundation, découvrit, au cours de sondages dans les eaux radioactives du Lochness, ce qu'il est convenu d'appeler aujourd'hui la première « cryptobibliothèque » des anciens terriens. Il y avait, murée dans un gros bloc de ciment, une caisse de zinc portant l'inscription : « Bertrandus Russel submersit anno hominis MCMLI ». La caisse, comme vous le savez, contenait les volumes de l'Encyclopedia Britannica. Elle nous fournit finalement cette énorme masse de renseignements relatifs à la culture disparue sur laquelle repose aujourd'hui une grande partie de nos connaissances historiques.

On découvrit bientôt d'autres cryptobibliothèques dans différents pays (celle qui fut trouvée en Terre de Deutschland dans une caisse emmurée portant l'inscription « Tenebra appropinquante » est restée célèbre), de sorte qu'on se rendit vite compte que les hommes de culture avaient été les seuls, parmi les anciens terriens, à sentir venir la tragédie, et les seuls à y porter remède par l'unique moyen qui leur fût connu, c'est-à-dire en sauvant pour

45

leurs descendants (et quel acte de foi ce fut là, que de prévoir, malgré tout, une postérité !) les trésors de leur culture.

Grâce à ces pages, que nous ne pouvons feuilleter sans un frémissement d'émotion, nous sommes aujourd'hui, mes chers collègues, en mesure de savoir ce que ce monde pensait, ce qu'il faisait, comment il en est arrivé au drame final. Oh, je n'ignore pas que l'écrit est toujours un témoignage insuffisant du monde qui l'a exprimé, mais, comme nous restons déroutés, lorsque nous manque jusqu'à cette aide précieuse ! Exemple typique, celui du « problème italien », énigme qui a passionné archéologues et historiens, dont aucun n'a pu jusqu'à présent répondre à la question bien connue comme se fait-il que dans ce pays, que nous savons pourtant d'antique civilisation — ainsi que l'attestent les livres retrouvés dans d'autres terres —, comment se fait-il, dis-je, qu'il ne fut possible de découvrir aucune bibliothèque ? Vous savez que les hypothèses à ce sujet sont aussi nombreuses qu'insatisfaisantes, et je vous les rappelle par simple prétérition :

1. Hypothèse Aakon Sturg (si savamment exposée dans l'ouvrage intitulé *L'Explosion dans le bassin méditerranéen*, Baffing, 1750 apr. E.) : par un concours de phénomènes thermonucléaires, la cryptobibliothèque italienne a été détruite. Hypothèse qui repose sur de solides arguments, car nous savons que la péninsule italienne fut la plus touchée par les explosions, car on lança les premiers missiles à tête nucléaire des côtes adriatiques, déclenchant ainsi le conflit généralisé.

2. Hypothèse Ugum-Noa Noa, exposée dans le livre bien connu : *L'Italie a-t-elle existé ?* (Barents City, 1712 apr. E.), où, à partir d'un examen minutieux des procès-verbaux des conférences politiques qui eurent lieu à un haut niveau avant le conflit général, on en arrive à la conclusion que l'Italie n'a pas existé du tout. Hypothèse qui résout le

problème de la cryptobibliothèque, mais se heurte à une série de témoignages que nous apportent les ouvrages en anglais et en allemand sur la culture de ce peuple (tandis que ceux écrits en français, comme on sait, semblent ignorer le sujet, corroborant ainsi partiellement la thèse Ugum-Noa Noa).

3. Hypothèse du professeur Ixptt Adonis (cf. *Italia*, Altaïr, 22e section de la 120e Année Mathématique), incontestablement la plus brillante, mais la plus sujette à caution. Selon cette hypothèse, la Bibliothèque Nationale Italienne se trouvait, au moment de l'explosion et par suite de circonstances non précisées, dans un état d'extrême décrépitude : les hommes de science italiens, tout en se souciant de créer des bibliothèques pour le futur, étaient sérieusement préoccupés par celles du présent et devaient faire des prouesses pour empêcher l'effondrement de l'édifice même qui contenait les volumes. Or cette hypothèse révèle la naïveté d'un observateur non terrien, enclin à entourer d'une aura de légende tout ce qui concerne notre planète et habitué à imaginer les terriens comme un peuple qui vit béatement en se nourrissant de pâté de phoque et en jouant sur des harpes en corne de renne : l'état de civilisation avancée auquel étaient parvenus les anciens terriens avant l'Explosion fait au contraire qu'une telle incurie est impensable, en un temps où l'image qu'offrent les pays situés de ce côté-ci de l'équateur révèle l'existence de techniques perfectionnées pour la conservation des livres.

Cela dit, nous en sommes toujours au même point, et le mystère le plus profond a toujours entouré la culture italienne à la veille de l'Explosion, même s'il existe pour celle des siècles antérieurs des témoignages suffisants dans les cryptobibliothèques d'autres pays. On a retrouvé, il est vrai, lors de fouilles minutieuses, quelques minces vestiges d'interprétation douteuse. Je mentionnerai la bande de

47

papier mise au jour par Kosamba, qui contient ce qu'il considère raisonnablement comme le premier vers d'un très long poème : « Je m'illumine d'immensité[1]. » ; la couverture de ce qui devait être un traité de psychotechnique ou de sociologie du travail (« Travailler fatigue[2] », d'un certain Paves, ou Pavesa, comme le soutient Sturg, question qui reste fort controversée, étant donné que la partie supérieure de l'objet est très endommagée). Nous rappellerons aussi que la science italienne de l'époque était sans nul doute très évoluée dans le domaine de la génétique, même si ces connaissances étaient probablement utilisées aux fins d'une eugénique raciste, comme le suggère le couvercle d'une boîte qui devait contenir un médicament pour l'amélioration de la race, et qui porte l'inscription : « Omo (altération du latin *Homo*) lave plus blanc ». Il est clair pour moi que, malgré tous ces documents, personne n'aurait jamais pu faire exactement le point de la situation spirituelle de ce peuple, situation qui, permettez-moi de vous le dire, mes chers collègues, n'est pleinement révélée que par la parole poétique, par la poésie en tant que conscience imaginative d'un monde et d'une situation historique.

Si je vous ai ennuyés avec ces longs préliminaires, c'est pour vous apprendre maintenant, avec beaucoup d'émotion, que mon distingué collègue Baaka B.B. Baaka A.S.P.Z., de l'Institut Royal de Littérature de l'Ile des Ours, et moi-même avons retrouvé dans une zone inaccessible de la péninsule italienne, à trois mille mètres de profondeur, enfermé par bonheur dans une coulée de lave qui s'est sagement engouffrée à l'intérieur de la terre lors du terrible bouleversement causé par l'Explosion, tout abîmé et écorné, mutilé en d'innombrables endroits, presque illisible mais encore riche de fulgurantes révélations,

1. Poème de Giuseppe Ungaretti (1888-1970) constitué de ces seuls mots. N.D.T.
2. Recueil de poèmes de Cesare Pavese (1908-1950). N.D.T.

un livre d'apparence et de taille modestes, qui porte en frontispice le titre de *Rythmes et Chansons d'aujourd'hui* (et que nous avons baptisé, d'après le lieu de la découverte, *Quaternulus Pompeianus*). Nous savons bien, mes chers collègues, que le mot *chanson* fut le terme archaïque utilisé pour désigner des compositions poétiques du XIVe siècle, comme nous le rappellle l'Encyclopedia Britannica ; et nous savons aussi que le *rythme*, notion commune à la musique et aux sciences mathématiques, connut également chez différents peuples un usage philosophique et servit à désigner une qualité particulière des structures artistiques (cf. M. Ghyka, *Essai sur le rythme*, N.R.F., 1938, ouvrage appartenant à la Cryptobibliothèque Nationale de Paris) : cela nous incite à voir par conséquent dans notre *quaternulus* une exquise anthologie des meilleures compositions poétiques de cette époque, un choix de poèmes et de chants qui offrent aux yeux de notre esprit une incomparable vision de beauté et de spiritualité.

La poésie italienne du XXe siècle de l'ère antique fut une poésie de la crise, courageusement consciente du sort qui menaçait le monde ; et elle fut en même temps une poésie de la foi, de la pureté et de la grâce. Poésie de la foi : nous avons ici un vers, hélas le seul lisible, de ce qui devait être un chant de louange à la gloire du Saint Esprit : « Vole, blanche colombe, vole [1]... ». Tout de suite après, nous sommes frappés par ces vers d'une chanson de jeunes filles : « Jeunesse, jeunesse — printemps de la beauté [2]... », dont les mots très doux évoquent pour nous l'image d'adolescentes vêtues de blancs voiles et dansant sous la pleine lune de quelque magique *pervigilium*. Ailleurs, nous trouvons au contraire un sentiment de désespoir lucide face à la crise, comme dans cette implacable image de la solitude et de l'incommunicabilité que nous

1. Chanson de Tino Rossi des années cinquante. N.D.T.
2. Hymne fasciste. N.D.T.

devons peut-être attribuer — s'il faut en croire ce que dit de cet auteur l'Encyclopedia Britannica — au dramaturge Luigi Pirandello : « Mais Pippo Pippo ne sait pas que, lorsqu'il passe, toute la ville rit [1]... » (et cette image ne trouve-t-elle pas comme un écho tout à fait digne d'elle dans une poésie anglaise de la même époque : le chant de James Prufrock du poète anglais Thomas Stearns ?)

Ce furent peut-être ces frémissements d'angoisse qui incitèrent la poésie italienne à se réfugier dans le divertissement géorgique et didactique : écoutez la pure beauté de ces vers : « Sais-tu que les coquelicots — sont grands, grands, grands [2]... ? » (où vous avez l'hésitation timide de l'interrogation, puis la présence de ces fleurs tropicales, charnues et dodelinantes, et enfin ce sentiment de la fragilité humaine face au mystère de la nature). Vous admirerez l'allégorie originale de ce tercet : « C'est le printemps — réveillez-vous, mes petites filles, messire Avril sort des métairies pour faire le bourreau des cœurs [3]... », où l'on ditingue nettement l'influence des rites de végétation — l'esprit du printemps et le sacrifice humain, peut-être un cœur de jeune fille, offert à la divinité fécondatrice — rites analysés en Terre d'England dans le volume dont l'attribution est incertaine et qui s'intitule *The Golden Bough* ou, selon d'autres, *The Golden Bowl* (v. l'étude, non encore traduite, de Axbzz Eowrrsc, « *Golden Bough* » or « *Golden Bowl* » — *wpt agrschh clwoomai,* Arthur, 2e Section, 120e Année Mathématique).

C'est à ces mêmes rites de végétation, et plus précisément au rite phrygien de la mort d'Attis, que nous fûmes tout d'abord tentés de rapporter un autre beau poème qui commence ainsi : « Un pauvre con est mort... » — poème manuscrit trouvé en marge du livre. Mais, outre l'incompré-

1. Chanson des années quarante. N.D.T.
2. Chanson des années cinquante. N.D.T.
3. Chanson des années trente. N.D.T.

hensibilité du substantif, les vers suivants nous frappèrent :
« A l'hôpital — sans couilles — sans cojon [1] », dont
l'apparente obscurité nous fut éclaircie par l'emploi curieux
de la consonne « j », ordinairement absente du lexique
italien. Grâce à une heureuse intuition, nous reconnûmes
en elle la « jota » espagnole et comprîmes que nous avions
entre les mains la traduction encore inachevée d'une poésie
ibérique. Nous savons pourquoi aucun texte espagnol n'a
été sauvé : comme le rapporte l'Encyclopedia Britannica,
les autorités religieuses d'Espagne avaient ordonné, une
vingtaine d'années avant l'Explosion, de brûler tous les
ouvrages ne portant pas un « nihil obstat » particulier.
Mais, grâce aux courtes citations trouvées dans des livres
étrangers, on avait pu voir depuis longtemps se dessiner la
figure du célèbre barde catalan du XIXe ou XXe siècle,
Federico Garcia, ou, d'après d'autres, Federico Lorca,
sauvagement assassiné, selon une légende, par vingt-cinq
femmes qu'il avait violentées. Les pages critiques d'un
écrivain allemand de 1966 (C.K. Dyroff, *Lorca : Ein
Beitrag zum Duendegeschichte als Flamencowissenschaft*)
nous parlent d'un « être-pour-la-mort-ancré-comme-
amour, où l'esprit du temps se nomme en se révélant à
soi-même par des cadences funèbres dansées sous un ciel
andalou ». Ces mots s'adaptent particulièrement au texte
cité et nous permettent en outre d'attribuer au même
auteur d'autres vers superbes, brûlants de violence ibérique,
qui figurent dans le *quaternulus* : « Caramba yo songo
espagnolo — yo tiengo lo sangre calliente — Je suis cette
épée qui, dans le pays, est appelée Beppe Balzac [2]... ». Qu'il
me soit permis de dire, mes chers collègues, qu'aujourd'hui,
alors que les spacioviseurs déversent sur nous quotidienne-
ment un déluge de trouble musique horriblement simiesque,
que d'irresponsables brailleurs de niaiseries apprennent à

1. Chanson gaillarde contemporaine. N.D.T.
2. Chanson des années quarante. N.D.T

51

nos enfants des chansons aux paroles absurdes — et Zoal Zoal notait avec beaucoup d'acuité dans son essai intitulé *Eclipse de l'homme arctique* comment un obscur musicien de fanfare était arrivé à mettre en musique une obscène chanson que les marins ont l'habitude de beugler lorsqu'ils sont soûls (« Non, je ne veux pas le voir — le sang d'Ignace sur le sable [1]... ») : summum de l'absurdité industrielle ! — qu'il me soit donc permis de dire que ces mots immortels qui nous parviennent de la nuit des temps attestent la grandeur morale et intellectuelle de l'homme terrestre d'il y a deux mille ans. Nous avons sous les yeux une poésie qui, au lieu de se fonder sur la fumeuse recherche labyrinthique d'un intellect bouffi de culture, se résout en rythmes spontanés et élémentaires, en pure grâce juvénile ; c'est alors que l'on est tenté de penser qu'un Dieu — et non le tourment de la création — préside à un tel miracle. La grande poésie se reconnaît partout, messsieurs : ses tournures sont uniques ; elles prennent des cadences qui révèlent leur parenté même si elles naissent dans des parties opposées du cosmos. Et c'est avec une joie émue que j'ai pu enfin procéder à une docte collation, en insérant trois vers isolés — découverts voici deux ans sur un bout de papier parmi les ruines d'une ville du nord de l'Italie — dans le contexte d'un poème plus long dont je pense avoir trouvé les éléments complets sur deux pages différentes du *quaternulus*. Voici cette composition exquise, riche de très savantes assonances, joyau d'un pur éclat alexandrin, ciselé à la perfection en chacune de ses arabesques :

Grâces des fleurs.
Entre toutes les autres, je les ai reconnues :
Elles m'ont fait mal, et pourtant je les ai aimées,

1. Chanson populaire. N.D.T.

Ce sont des roses rouges et elles parlent d'amour [1].
Que fraîches mes paroles dans le soir
Soient pour toi comme le bruissement que font les
feuilles
Du mûrier dans la main de celui qui les cueille [2]...
Villa triste,
Entre les violettes cachées et le massif d'améthystes
Combien de choses sont restées [3]...

Mais le temps qui m'était imparti pour cette communication, mes chers collègues, touche à sa fin. J'aimerais vous lire d'autres choses, mais il est certain que j'aurai l'occasion de publier et de traduire, une fois éclaircies certaines difficultés philologiques, le fruit de ma précieuse découverte. Je voudrais aujourd'hui vous laisser avec l'image de cette civilisation maintenant disparue qui, d'un œil sec, chanta l'effondrement des valeurs, et qui, avec une pureté enjouée, formula des paroles de diamant en fixant un monde de grâce et de beauté. De cette civilisation où le pressentiment de la fin, lorsqu'il se fit jour, s'accompagna d'une sensibilité prophétique. Exhumé de l'abîme insondable et mystérieux du passé, des pages rongées et déchirées du *quaternulus pompeianus*, nous retrouvons, dans un vers isolé sur une feuille noircie par la fureur des radiations, comme un présage de ce qui allait se passer. À la veille de l'Explosion, le poète « vit » le destin de la population terrestre qui devait édifier une civilisation nouvelle, plus mûre, sur la calotte polaire, et trouver dans la souche esquimaude la race supérieure d'une planète rajeunie et heureuse. Il vit que les voies du futur transformeraient en bien et en progrès les horreurs de l'Explosion ; et il n'éprouva plus alors ni peur ni remords, si bien que son

1. Chanson des années cinquante. N. D.T.
2. Vers de Gabriele D'Annunzio (1863-1938). N.D.T.
3. Chanson des années quarante. N.D.T.

chant s'épancha dans ce vers qui se déploie comme un psaume : « Que m'importe si le monde me rendit de glace [1]... »

Un seul vers. Mais il nous parvient, à nous enfants de l'Arctique prospère et vouée au progrès, comme un message de confiance et de solidarité, depuis l'abîme de douleur, de beauté, de mort et de renaissance au fond duquel nous entrevoyons les traits flous du visage tant aimé de nos ancêtres.

1. Chanson de cabaret datant du début du siècle et intitulée « Cinico blues » N.D.T.

PLATON AU *CRAZY HORSE*

Quand elle apparaît sur la petite scène du *Crazy Horse*, protégée par un rideau de résille à larges mailles, Lilly Niagara est déjà nue. Un peu plus que nue, avec un soutien-gorge noir dégrafé et un porte-jarretelles. La première partie du numéro la voit occupée à se rhabiller paresseusement, c'est-à-dire à enfiler ses bas et à attacher le harnachement négligé qui lui pend sur les membres. Elle consacre la seconde partie à revenir à la situation de départ. Si bien que le public, ne sachant pas si cette femme s'est déshabillée ou habillée, ne se rend pas compte qu'en réalité, elle n'a rien fait. Car ses gestes mêmes, dans leur nonchalance étudiée qu'accompagne, en contrepoint, l'expression angoissée du visage, montrent avec une telle évidence le côté professionnel de la chose et s'inscrivent si explicitement dans une tradition de haute école — codifiée maintenant par des manuels —, qu'ils n'offrent rien d'imprévu, et par conséquent de séduisant. Comparée à la technique d'autres divas du strip-tease, qui savent si habilement doser l'offre qu'elles font d'une innocence préliminaire, qu'elles entament soudain par un parti pris de coquinerie inattendue : lascivetés tenues en réserve, sauvages soubresauts gardés pour l'ultime infâmie (divas, par conséquent, d'un strip dialectique et occidental), la

55

technique de Lilly Niagara est *beat* et *hard*. Elle nous rappelle plutôt, repensée aujourd'hui, la Cecilia de *L'Ennui* de Moravia : une sexualité alanguie faite d'indifférence, et assaisonnée, en l'occurrence, d'un savoir-faire supporté comme une condamnation.

Lilly Niagara veut donc atteindre le dernier niveau du strip-tease, celui où il ne s'agit même plus d'offrir le spectacle d'une séduction qui ne s'adresse à personne en particulier, qui promet à la foule, mais retire le don au moment suprême ; avec elle, on franchit l'ultime étape et on élude jusqu'à la promesse de la séduction. Ainsi, alors que le strip-tease traditionnel est l'offre d'un coït qui se révèle soudain « interruptus », suscitant chez les fidèles une mystique de la privation, celui de Lilly Niagara n'hésite pas à infliger un démenti à la présomption des nouveaux adeptes, en leur révélant que la réalité promise non seulement ne peut être que contemplée, mais va même jusqu'à se dérober à la plénitude de la contemplation immobile, parce qu'il faut la passer sous silence. Il n'en demeure pas moins que l'art byzantin de Lilly Niagara confirme la structure habituelle du strip-tease conventionnel et sa nature symbolique.

Il n'y a que dans certaines boîtes de très mauvaise réputation que vous pouvez, à la fin du spectacle, amener celle qui s'est exhibée à faire commerce de ses charmes. Au *Crazy Horse*, on vous prévient même poliment qu'il n'est pas convenable de demander à acheter des photographies : ce qui est à voir n'apparaît que pour quelques minutes dans l'espace magique de la scène. Si vous lisez les articles sur le strip où les doctes commentaires qui agrémentent certaines brochures offertes par les principales maisons, vous vous rendrez compte que ce qui caractérise la danseuse nue, c'est qu'elle exerce son métier avec un zèle plein d'honnêteté, cultivant dans le privé des amours domestiques : fiancés qui les accompagnent au travail, maris jaloux comme des tigres. Autant de murs infranchissables. Et il ne faut pas considérer cet artifice comme négligeable, car l'arrogante et naïve Belle Époque s'efforçait au contraire de convaincre les consommateurs que ses divas étaient des monstres affamés, en privé comme en public, dévoreuses d'hommes et de patrimoines, grandes prêtresses des turpitudes d'alcôve les plus raffinées.

Mais la Belle Époque déployait ses fastes coupables pour une classe dirigeante et aisée, à laquelle elle devait accorder à la fois le théâtre et l'après-théâtre, ainsi que la pleine possession des objets, privilège inaliénable de l'argent.

Le strip-tease, que vous pouvez voir pour des sommes très modestes et à n'importe quelle heure du jour ou de la nuit, même en manches de chemise — il n'y a pas de tenue de rigueur —, et plusieurs fois de suite, si le cœur vous en dit, car le spectacle est permanent, le strip-tease s'adresse au contraire au citoyen moyen, et, en lui offrant ces minutes de recueillement religieux, lui instille sa théologie, suggérée de façon subreptice, et non pas déversée à grand renfort d'arguments. L'essence de cette théologie est que le fidèle peut admirer les richesses fastueuses de la plénitude féminine, mais ne peut en user, car ce pouvoir ne lui appartient pas. Il pourra user, s'il le veut, des femmes que la société lui accorde ou que le sort lui a assignées ; mais une malicieuse affiche du *Crazy Horse* l'avise qu'au cas où, de retour chez lui, il ne serait pas satisfait de sa propre dame, il pourra l'envoyer à des cours de maintien que la direction organise l'après-midi pour étudiantes et femmes au foyer. Il n'est pas certain que ces cours existent réellement, ni que le client ose les proposer à sa moitié ; ce qui compte, c'est qu'il lui vienne un doute : si la strip-teaseuse est *la* femme, son épouse serait-elle quelque chose d'autre ? Et si son épouse doit bien être considérée comme une femme, la strip-teaseuse serait-elle alors quelque chose de plus : la féminité, le sexe, ou l'extase, le péché, le Mal ?

C'est en tout cas quelque chose qui ne lui appartient pas, à lui qui regarde ; l'élément primordial qui lui échappe, le terme de l'extase qu'il ne doit pas atteindre, le sentiment de triomphe qui lui est refusé, la plénitude des sens, la domination du monde qui lui sont seulement racontées. Le rapport typique instauré par le strip-tease exige que la femme, qui a fourni le spectacle extrême de ses possibilités d'assouvir le désir de l'homme, ne soit absolument pas consommable. Une brochure distribuée au *Concert Mayol*, dans laquelle on peut lire des considérations préliminaires laborieusement libertines, s'achève cependant sur une intuition révélatrice : il est dit en substance que le triomphe de la femme nue sous les projecteurs, au moment où elle s'offre aux regards d'un parterre tendu et inassouvi, est fait précisément de la malicieuse conscience que, en cet instant, ceux qui la regardent sont en train de la comparer à la chère à laquelle ils sont habitués ; est fait, par conséquent, de la conscience d'une humiliation d'autrui, tandis que le plaisir de celui qui regarde est fait en grande partie de sa propre humiliation, ressentie, soufferte et acceptée comme élément essentiel du rituel.

Si, psychologiquement, le rapport du strip-tease est sadomasochiste, ce sadomasochisme, sociologiquement, est essentiel au rite d'enseignement qui s'accomplit : le strip-tease démontre inconsciemment au spectateur, qui accepte et recherche la frustration, que les moyens de production ne sont pas en sa possession.

Mais si, sociologiquement, il introduit un indéniable rapport de caste (ou de classe, si l'on veut), le strip-tease, d'un point de vue métaphysique, amène le spectateur à comparer les plaisirs dont il dispose à ceux dont, par définition, il ne peut disposer : la réalité à son modèle, ses femmes à la Féminité, son expérience du sexe, à la Sexité, les nus qu'il possède à la Nudité supracéleste qu'il n'aura jamais. Ensuite, il devra retourner dans la caverne et jouir des ombres qui lui sont accordées. Ainsi, par une synthèse inconsciente, le strip-tease ramène la situation platonicienne à la réalité sociologique de l'oppression et de la dépendance.

Conforté dans l'idée que les leviers de la vie en société ne lui appartiennent pas et que le modèle de ses expériences est sanctionné par un royaume des idées qu'il ne peut modifier, le spectateur de strip-tease peut retourner tranquillement à ses tâches journalières, après le rite purificateur qui l'a confirmé dans son rôle de soutien solide de l'ordre existant ; et les maisons moins ascétiques que le *Crazy Horse* (monastère pour moines Zen, ultime degré de la perfection) lui permettront d'emporter avec lui les images de ce qu'il a vu. Pour qu'il puisse apporter à sa condition humaine le réconfort des pratiques d'impiété que sa dévotion et sa solitude lui suggéreront.

PHÉNOMÉNOLOGIE DE MIKE BONGIORNO [1]

L'homme que les mass media cherchent à circonvenir
est au fond, parmi tous ses semblables, celui qui est le
plus respecté : on ne lui demande jamais de devenir que
ce qu'il est déjà. En d'autres termes, on suscite en lui des
désirs étudiés sur le modèle de ses tendances. Toutefois,
comme l'une des compensations auxquelles il a droit est
l'évasion dans le rêve, on lui présente généralement des
idéaux vers lesquels il puisse tendre. Pour le décharger de
toute responsabilité, on veille cependant à ce que ces idéaux
soient en fait impossibles à atteindre, de façon que cette
tension aboutisse à une projection et non à une série
d'opérations effectives destinées à changer l'ordre des
choses. En un mot, on lui demande de devenir un homme
avec un réfrigérateur et un téléviseur de 52 cm, c'est-à-
dire de rester tel qu'il est en ajoutant aux objets qu'il
possède un réfrigérateur et un téléviseur ; en compensation,
on lui propose comme idéal Kirk Douglas ou Superman.
L'idéal du consommateur de mass media est un surhomme
qu'il ne prétendra jamais devenir, mais qu'il se plaît à
incarner en imagination, comme on endosse pour quelques

1. Le Guy Lux italien. N.D.T.

minutes devant un miroir le vêtement de quelqu'un d'autre, sans même songer à le posséder un jour.

La situation nouvelle dans laquelle se place à cet égard la télévision est la suivante : elle n'offre pas, comme idéal auquel s'identifier, le *superman*, mais l'*everyman*. La télévision présente comme idéal l'homme absolument moyen. Au cabaret, Juliette Gréco apparaît sur scène et crée aussitôt un mythe, donne naissance à un culte ; Joséphine Baker suscite des rituels idolâtres et donne son nom à une époque. Maintes fois, le visage de Juliette Gréco apparaît à la télé, mais le mythe ne naît même pas ; l'idole, ce n'est pas elle, c'est la présentatrice, et, parmi les présentatrices, la plus aimée et la plus célèbre sera justement celle qui incarne le mieux les caractéristiques moyennes : beauté modeste, *sex-appeal* limité, goût discutable, bref, une certaine banalité popote.

Or, dans le domaine des phénomènes quantitatifs, la moyenne représente précisément un juste milieu, et pour celui qui n'est pas encore arrivé à ce niveau, elle est un but à atteindre. Si, selon la boutade bien connue, la statistique est la science pour laquelle un homme qui mange chaque jour deux poulets et un homme qui n'en mange pas du tout, cela fait deux hommes qui ont mangé un poulet chacun, pour l'homme qui n'en a pas mangé, la moitié d'un poulet par jour est quelque chose de positif à quoi aspirer. En revanche, dans le domaine des phénomènes qualitatifs, le nivellement à la moyenne correspond au nivellement à zéro. Un homme qui possède *toutes* les vertus morales et intellectuelles au *degré moyen* se trouve immédiatement à un niveau minimum d'évolution. La « moyenneté » aristotélicienne est l'équilibre dans l'exercice de ses passions, équilibre reposant sur la vertu de discernement qu'est la « prudence ». Alors que nourrir des passions au degré moyen et avoir une moyenne prudence signifie qu'on est un pauvre spécimen d'humanité.

61

En Italie, l'exemple le plus éclatant de la réduction du *superman* à l'*everyman* se trouve dans la personne de Mike Bongiorno et dans l'histoire de sa carrière. Idolâtré par des millions de personnes, cet homme doit son succès au fait que, dans chaque acte et dans chaque mot du personnage qu'il incarne devant les caméras de la télévision, transparaît une médiocrité absolue qui s'accompagne (et c'est là l'unique vertu qu'il possède à un degré dépassant la moyenne) d'un charme immédiat et spontané. Charme qui peut s'expliquer par le fait qu'on ne discerne chez lui nul artifice, nul cabotinage : on pourrait presque dire qu'il se vend pour ce qu'il est, et que ce qu'il est n'est pas de nature à mettre aucun spectateur, même le plus démuni, en état d'infériorité. Lequel spectateur voit l'image de ses propres limites glorifiée et investie officiellement d'une autorité nationale.

Pour comprendre cet extraordinaire pouvoir de Mike Bongiorno, il faudra procéder à une analyse de ses comportements, à une véritable « phénoménologie de Mike Bongiorno », dans laquelle, bien entendu, ce nom désigne non pas l'homme, mais le personnage.

Mike Bongiorno n'est pas particulièrement beau, athlétique, courageux, intelligent. Il représente, biologiquement parlant, un degré modeste d'adaptation au milieu ambiant. L'amour hystérique que lui vouent les *teenagers* de sexe féminin doit s'expliquer en partie par le complexe maternel qu'il est capable d'éveiller dans une jeune fille, notamment par la perspective qu'il laisse entrevoir : celle d'un amant idéal, soumis et fragile, doux et courtois.

Il n'a pas honte d'être ignorant et n'éprouve pas le besoin de s'instruire. Il entre en contact avec les sphères les plus vertigineuses du savoir et en ressort vierge et pur, renforçant chez autrui les tendances naturelles à l'apathie et à la paresse intellectuelles. Il prend le plus grand soin de ne pas impressionner le spectateur, en se montrant non seulement dans une totale ignorance des faits, mais encore fermement décidé à ne rien apprendre.

En revanche, il fait preuve d'une sincère et primitive admiration pour celui qui sait. De celui-là, il met toutefois en lumière les qualités manuelles, la mémoire, la méthodologie évidente et élémentaire : on devient cultivé en lisant beaucoup de livres et en retenant ce qu'ils disent. Le soupçon que la culture puisse avoir une fonction critique et créatrice ne l'effleure pas le moins du monde. Il la juge selon un critère purement quantitatif. En ce sens (à savoir qu'il faut, pour être cultivé, avoir lu beaucoup de livres pendant de nombreuses années), il est naturel que l'homme qui n'est pas prédestiné renonce à toute tentative.

Mike Bongiorno professe une estime et une confiance illimitées à l'égard du spécialiste : un professeur est un docte ; il représente la culture autorisée. C'est l'expert en la matière. On lui délègue le pouvoir de trancher la question, au nom de sa compétence.

Cependant, l'admiration pour la culture se fait jour lorsque celle-ci devient source de profit. On découvre alors qu'elle sert à quelque chose. L'homme médiocre refuse d'apprendre, mais se propose de faire faire des études à ses enfants.

Mike Bongiorno a une notion petite-bourgeoise de l'argent et de sa valeur (« Pensez donc, il a déjà gagné cent mille lires : c'est une belle petite somme ! »). Il va donc au devant des réflexions impitoyables que le téléspectateur sera porté à faire sur le concurrent : « Qui sait comme vous serez content de tous ces sous, vous qui avez toujours vécu avec un salaire modeste ! Avez-vous jamais eu autant d'argent entre les mains ? »

Comme les enfants, il connaît les personnes par catégories et s'adresse à elles avec une déférence comique (l'enfant dit : « Pardon, madame la gardienne... »), utilisant toujours, néanmoins, la qualification la plus courante et la plus vulgaire, souvent péjorative : « monsieur le balayeur, monsieur le paysan... ».

Il accepte tous les mythes de la société dans laquelle il vit : il baise la main de madame Balbiano d'Aramengo [1] et déclare qu'il le fait parce qu'il s'agit d'une comtesse (sic).

Outre ses mythes, il accepte de la société ses conventions. Il est paternel et condescendant avec les humbles, déférent avec les personnes d'un certain rang social.

Parce qu'il distribue de l'argent, il est instinctivement porté à penser, sans l'exprimer clairement, plus en termes d'aumône que de gain. Il paraît croire que, dans la dialectique des classes, la providence constitue l'unique moyen d'ascension (providence qui peut éventuellement se présenter sous la forme de la télévision).

Mike Bongiorno parle un *basic italian.* Son discours revêt le maximum de simplicité. Il bannit les subjonctifs, les propositions subordonnées, réussit presque à rendre imperceptible la dimension de la syntaxe. Il évite les pronoms, répetant toujours le sujet en entier. Il fait des phrases très courtes ; jamais il ne s'aventure dans des incidentes ou des parenthèses ; il n'emploie pas d'expression elliptiques, allusives ; il n'utilise que des métaphores éculées. Son langage est rigoureusement référentiel et ferait la joie d'un néo-positiviste. Il n'est pas nécessaire de faire le moindre effort pour le comprendre. N'importe quel téléspectateur a l'impression qu'il pourrait, à l'occasion, être plus disert que lui.

Il n'accepte pas l'idée qu'il puisse y avoir plus d'une réponse à une question. Il considère les variantes avec méfiance. *Nabucco* et *Nabuchodonosor,* ce n'est pas la

1. Aristocrate italienne. N.D.T.

64

même chose. Face aux données, il réagit comme un cerveau électronique, car il est fermement convaincu que A est égal à A et qu'il ne peut y avoir de troisième terme. Aristotélicien par défaut, il a par conséquent des conceptions conservatrices, paternalistes, immobilistes.

Il n'a aucun sens de l'humour. Il rit parce qu'il est content de la réalité, non parce qu'il est capable de la déformer. La nature du paradoxe lui échappe complètement ; tel qu'il lui est soumis, il le répète avec un air amusé et hoche la tête, sous-entendant que son interlocuteur est sympathiquement anormal ; il refuse de soupçonner qu'une vérité se cache derrière le paradoxe, et, de toute façon, ne le considère pas comme le moyen autorisé d'exprimer une opinion.

Il évite la polémique, même sur des sujets permis. Il ne manque pas de s'informer sur les bizarreries du savoir (un nouveau courant de peinture, une discipline abstruse.... « Dites-moi un peu, on parle beaucoup aujourd'hui de futurisme. Mais qu'est-ce que c'est, exactement, que ce futurisme ? »). L'explication donnée, il ne cherche pas à approfondir la question, mais fait sentir au contraire son désaccord poli de personne bien pensante. Il respecte en tout cas l'opinion d'autrui, non par conviction idéologique, mais par désintérêt.

Parmi toutes les questions possibles sur un sujet, il choisit celle qui viendrait la première à l'esprit de n'importe qui et qu'une moitié des téléspectateurs écarterait aussitôt parce qu'elle est trop banale : « Qu'est-ce qu'il représente, ce tableau ? » « Comment avez-vous pu choisir un violon d'Ingres aussi différent de votre métier ? » « Comment peut-il venir à l'idée de s'occuper de philosophie ? »

Il pousse les clichés jusqu'à l'extrême. Une jeune fille élevée chez les sœurs est vertueuse, une jeune fille avec des collants et une queue de cheval est une « fille perdue ». Il demande à la première si elle souhaiterait, elle qui est une personne si convenable, devenir comme l'autre ; après qu'on lui a fait remarquer que cette confrontation est blessante, il console la seconde jeune fille en mettant l'accent sur sa supériorité physique et en humiliant ainsi la jeune fille bien élevée. Dans cette cascade vertigineuse de gaffes, il ne cherche même pas à recourir aux périphrases : la périphrase est une « trait », et les « traits » appartiennent à un genre auquel Bongiorno est étranger. Pour lui, comme on l'a dit, chaque chose a un nom et un seul ; l'artifice rhétorique est une sophistication. Au fond, la gaffe naît toujours d'un mouvement de sincérité non voilée ; quand la sincérité est voulue, il n'y a pas gaffe, mais défi et provocation. La gaffe (dans laquelle Bongiorno excelle, au dire des critiques et du public) se produit justement quand on est sincère par erreur et par inadvertance. Plus il est médiocre, et plus l'homme médiocre est maladroit. Mike Bongiorno le conforte dans sa médiocrité en portant la gaffe à la dignité de figure de rhétorique, dans le cadre d'un protocole homologué par la chaîne de télévision et par la nation à l'écoute.

Il se réjouit sincèrement avec le vainqueur, car il honore le succès. Se désintéressant poliment du perdant, il s'émeut si celui-ci se trouve dans des conditions difficiles, et se fait le promoteur d'un concours de bienfaisance ; après quoi il s'estime quitte et en convainc le public. Il passe ensuite à d'autres occupations, rassuré sur l'existence du meilleur des mondes possibles. Il ignore la dimension tragique de la vie.

Mike Bongiorno persuade donc le public, par un exemple vivant et triomphant, de la valeur de la médiocrité. Il ne suscite pas de complexes d'infériorité, même s'il s'offre comme idole, et le public, reconnaissant, le paye de retour en l'aimant. Il représente un idéal que personne ne doit s'efforcer d'atteindre, car n'importe qui se trouve déjà à son niveau. Aucune religion ne s'est jamais montrée aussi indulgente avec ses fidèles. En lui s'annule la tension entre être et devoir être. Il dit à ses adorateurs : vous êtes des dieux, restez comme ça.

ESQUISSE D'UN NOUVEAU CHAT

Du coin de la pièce à la table, il y a six pas. De la table
au mur du fond, il y a cinq pas. En face de la table,
s'ouvre une porte. De la porte au coin dans lequel vous
vous trouvez, il y a six pas. Si vous regardez devant vous
de sorte que votre regard traverse la pièce en diagonale,
en direction du coin opposé, à la hauteur de vos yeux, au
moment où vous vous trouvez pelotonné dans le coin, le
museau tourné vers la pièce, la queue entortillée dans la
tentative d'effleurer en même temps deux de ses murs qui
se rencontrent en formant un angle de quatre-vingt-dix
degrés, vous verrez alors, à six pas devant vous, une forme
cylindrique d'un marron foncé brillant, sillonnée d'une
série de fines veinures au milieu desquelles on entrevoit
un cœur blanchâtre, avec une écaillure à environ cinq
centimètres du sol, qui s'élargit en une circonférence
irrégulière, s'approchant d'une forme polygonale imprécise,
au diamètre maximum de deux centimètres ; elle révèle un
fond tirant lui aussi sur le blanc, mais d'un blanc plus
pâle que celui des veinures, comme si, pendant plus
longtemps et avec plus de facilité, la poussière s'y était
déposée, au fil des jours ou des mois, des siècles ou des
millénaires. Au-dessus de l'écaillure, le cylindre continue à
présenter sa surface brillante et marron, toujours interrom-

pue par des veinures, jusqu'à ce que, à une hauteur moyenne de cent vingt centimètres du sol, le cylindre s'achève, surmonté par une forme beaucoup plus grande, apparemment rectangulaire, bien que votre œil, qui scrute l'objet le long de la diagonale qui va d'un coin au coin opposé, ait tendance à le voir rhomboïdal ; et vous distinguez maintenant, en élargissant votre champ de vision, trois autres corps cylindriques disposés symétriquement l'un par rapport à l'autre et tous les trois par rapport au premier, de manière à apparaître comme les trois sommets d'un autre rhomboïde ; alors que s'ils soutiennent, comme il vous semble, le grand corps rectangulaire placé à cent vingt centimètres du sol, ils sont probablement eux aussi disposés au quatre angles d'un rectangle idéal.

Votre regard ne saisit pas avec précision ce qui repose sur le plan rectangulaire. De sa surface, pointe dans votre direction une masse rougeâtre, entourée sur son épaisseur d'une substance blanchâtre ; la masse rougeâtre est posée sur une feuille de matière jaune et rugueuse, maculée de rouge en plusieurs endroits, comme si cette masse était quelque chose de vivant qui a laissé une partie de son humeur vitale sur la surface jaune et rugueuse.

Alors, vous qui entrevoyez continuellement devant votre pupille le rideau filiforme et confus de vos poils frontaux qui retombent sur le globe oculaire en amande, et plus loin, presque en perspective, la vibration frémissante et furtive de vos longues moustaches, vous apercevez soudain et fugitivement, juste sous votre nez, une surface rouge et rugueuse en mouvement, d'un rouge plus vif que celui de la grosse masse posée sur la surface carrée.

Tantôt c'est vous qui vous léchez les moustaches devant l'invite de la grosse masse rougeâtre, tantôt c'est la masse rougeâtre qui laisse suinter des gouttes séreuses sur la feuille jaune et rugueuse, excitée par votre vue ; tantôt c'est la masse et vous qui vous lancez de mutuelles invites.

69

Il est inutile de faire l'hypocrite : vous êtes encore en train de lorgner la viande posée sur la table.

Vous préparez donc le bond qui vous mettra en possession de la viande. De l'épicentre de votre bond à la surface de la table, il y a six pas, mais si vous tournez les yeux vers le pied de la table, vous apercevez maintenant, tout près d'elle, deux autres volumes cylindriques, marrons eux aussi, et cependant plus flottants et apparemment moins solides. Vous remarquez la présence d'une entité complémentaire qui n'est ni la table ni la viande. Sous les volumes complémentaires flottants, vous noterez, au niveau du sol, une paire de blocs marron vaguement ovales, coupés sur leur surface supérieure par une grande fente dont les lèvres sont réunies par des fils entrecroisés et marron eux aussi. Maintenant, vous le savez. Il est près de la table, il est près de la viande. Plus question de faire votre bond.

Vous vous demandez si cela ne vous est pas déjà arrivé auparavant et si vous n'avez pas vu une scène analogue dans le grand tableau accroché au mur en face de la table. Le tableau montre une taverne pleine de monde avec un enfant dans un coin ; au centre se trouve une table avec un grand morceau de viande posé dessus, et, près de la table, on remarque un soldat debout, avec un grand pantalon flottant et une paire de chaussures marron. Dans le coin opposé, on distingue un chat qui s'apprête à bondir. Si vous regardez le tableau de plus près, vous apercevrez, tout à fait nette dans la pupille du chat, l'image d'une pièce presque vide où l'on voit au milieu une table aux pieds cylindriques, sur laquelle se trouve une grosse masse de viande posée sur une feuille de papier de boucher, jaune et rugueuse, portant çà et là les traces sanglantes de la viande ; près de la table, il n'y a personne.

Soudain, le chat qui apparaît dans le clair reflet de la pupille du chat du tableau fait un bond vers la viande ; mais, au même instant, c'est l'homme représenté près de la table dans le tableau qui se précipite sur le chat. À présent, vous ne savez plus si celui qui s'enfuit est le chat reflété dans la pupille du chat du tableau ou le chat du tableau. Probablement, c'est vous qui vous enfuyez maintenant avec la viande dans la gueule, après avoir fait le bond. Celui qui vous poursuit, c'est l'enfant qui se tenait debout dans le coin de la taverne, diagonalement opposé au chat dans le tableau.

De vos yeux à la table, il y a cinq pas ; de la table au mur d'en face, six pas ; du mur à l'ouverture de la porte, huit pas. Sur la table, on n'aperçoit plus la grosse masse rougeâtre de la viande encore intacte. Sur la table du tableau, le morceau de viande apparaît encore, mais, près de la table, vous distinguez maintenant deux hommes aux pantalons marron flottants. Dans l'angle opposé à celui du chat du tableau, on ne voit plus l'enfant. Dans le clair reflet de la pupille du chat du tableau, on ne voit plus, à cinq pas de la table, le chat placé dans le coin. Vous vous léchez maintenant les babines, satisfait, avec une âcre saveur de sang sur votre palais et sur les papilles rugueuses de votre langue. Vous ne savez pas si vous avez mangé la viande posée sur la table à cinq pas de vous, l'enfant du tableau ou le chat que l'on distinguait dans le clair reflet de la pupille du chat du tableau. Ce n'est pas une vie.

Vous chercheriez désespérément une gomme pour effacer ce souvenir. Votre queue traîne misérablement contre l'angle de quatre-vingt dix degrés formé par les deux murs de la pièce qui se rejoignent derrière vous. Vous vous demandez si votre condition féline vous porte à voir le monde sous ces formes objectives, ou si le labyrinthe où vous vous trouvez est votre espace familier et celui de l'homme qui se tient près de la table. Ou bien si vous n'êtes pas tous les deux que la vision d'un œil fixé sur vous qui vous soumet à cette tension par pur exercice littéraire. S'il en est ainsi, ce n'est pas juste. Il doit exister un rapport qui vous permette d'unifier les faits auxquels vous avez assisté. Les faits qui vous ont assisté, les faits que vous avez été, avec lesquels vous avez été vu. Les faits avec lesquels vous avez été vu immobile, dans un rapport ambigu avec les faits qui ont été vus avec vous qui avez vu. Vous vous demandez si vous pourriez signer le manifeste des cent vingt et un [1]. Si l'homme a fait un bond vers le tableau et a saisi l'enfant dans sa bouche, vous l'avez donc poursuivi jusque dans le tableau, au-delà de la porte de la taverne, dans la rue sur laquelle flottent des flocons de neige blanchâtres, d'abord obliques, puis sans cesse plus droits. Plus proches de vos yeux, à peine entrevues comme des ombres filiformes et acérées, des pointes qui s'agitent confusément devant vous. Ce sont vos moustaches. Si l'homme a pris la viande, si vous aviez fait votre bond, si la viande était sur la table et que l'enfant se fût enfui au milieu des flocons de neige, qui aurait pris la viande que vous mangerez et qui reste sur la table où maintenant vous ne la voyiez plus ?

Mais vous êtes un chat, probablement, et vous restez comme un objet de la situation. Vous voulez une modification de la situation, mais celle-ci pourrait être votre modification. Vous ne pouvez cependant pas modifier un chat. Cet univers est le vôtre. Celui auquel vous pensez est un univers humain dont vous ne savez rien, comme Eux ne savent rien du vôtre. Pourtant, l'idée vous tente.

Vous vous demandez comment pourrait être un nouveau roman dont vous seriez l'esprit organisateur, mais vous n'osez pas vous le représenter, parce que vous introduiriez l'épouvantable désordre de l'évidence dans la tranquille improbabilité de votre labyrinthe.

Vous songez à l'histoire d'un chat, respectable pour sa naissance et ses biens, auquel on ne s'attendrait pas qu'il

1. Manifeste signé le 6 septembre 1960 par 121 personnalités françaises contre la guerre d'Algérie. N.D.T.

arrive tant de terribles mésaventures, comme il lui en arrivera effectivement. La vie de ce chat connaîtrait donc des péripéties et des coups de théâtre, des « reconnaissances » imprévues (il pourrait avoir couché avec sa mère ou avoir tué son père pour s'emparer de la grosse masse rouge de viande) : et l'accumulation de tels incidents provoquerait dans le public de chats qui assisterait à la scène terreur et pitié ; jusqu'à ce que l'enchaînement logique des événements culmine en une soudaine catastrophe, dénouement final de toutes les tensions, à la suite duquel les chats présents, et vous-même qui avez été l'ordonnateur de leurs émotions, jouiriez de cette purification des passions appelée catharsis.

Vous savez qu'un tel dénouement vous rendrait maître de la pièce et de la viande, et peut-être de l'homme et de l'enfant. Ne le niez pas : cette voie pour un chat futur exerce sur vous une attirance morbide. Mais on vous accuserait de faire de l'avant-garde. Vous savez que vous n'écrirez jamais cette histoire. Vous ne l'avez jamais conçue. Vous n'avez jamais raconté que vous avez pu la concevoir en lorgnant un morceau de viande. Vous ne vous êtes jamais trouvé pelotonné dans un coin de cette pièce.

Il y a maintenant un chat dans un coin de la pièce où les murs se joignent en formant un angle de quatre-vingt dix degrés. De la pointe de ses moustaches à la table, il y a cinq pas.

L'AUTRE EMPYRÉE [1]

Les notes qui suivent sont extraites d'un carnet du journaliste John Smith, trouvé mort sur les pentes du mont Ararat. Le journal pour lequel il travaillait a confirmé qu'il avait été envoyé en Asie Mineure pour une mission spéciale, mais n'a donné aucune précision sur la nature de cette mission. Comme l'Ararat se trouve sur la frontière arménienne, on suppose que le silence a été imposé par le Département d'État, soucieux d'éviter une nouvelle affaire Powers. On n'a trouvé sur le corps de John Smith aucune trace de blessure, mais seulement des brûlures, « comme s'il avait été frappé par la foudre », pour employer l'expression imagée du berger qui l'a découvert. Mais le Service Météorologique d'Erzurum a fait savoir qu'il n'y avait eu ni pluies ni orages dans cette région depuis six mois. Les passages que nous reproduisons constituent sans aucun doute la transcription d'une série de déclarations faites à Smith par une personne interviewée dont le nom ne figure nulle part.

Il pleut, nom d'un chien ! Vous voyez, ça vient de ce nuage. Il n'arrête pas de dégouliner. Et ce n'est pas seulement celui-là. Il doit bien y en avoir plus d'une centaine, tout autour. Mais allez protester. Ces gens-là dépensent sans compter pour installer les grands cirrus panoramiques : relations publiques, qu'ils disent. Et ici, tout va à vau-l'eau. Écoutez, je vous dis tout cela, mais n'écrivez pas mon nom, parce que je n'ai pas envie d'avoir

1. L'ensemble de ce texte fait allusion au *Paradis* de Dante et à sa structure. N.D.T.

des ennuis. Et puis je suis la cinquième roue du carrosse. Je suis ici depuis deux mille ans, mais je suis entré avec la fournée des Saints Martyrs, et ils nous traitent en parents pauvres. « Ce n'est pas à vous, c'est aux lions qu'en revient tout le mérite », disent-ils. Ce qu'il ne faut pas entendre ! Comme ça, après les Innocents, nous sommes vraiment les plus mal lotis. Mais ce que je vous dis là, il y en a là-dedans dix mille autres de plus importants que moi qui peuvent vous le dire, car c'est une grogne générale. Écrivez-le donc une fois pour toutes.

À vau-l'eau, je vous dis. Une orgie de bureaucratie et, pour les choses concrètes : rien. Voilà.

Et Lui, il ne sait rien. Rien du tout. Tout est entre les mains des Hiérarchies Supérieures, qui font et défont comme bon leur semble, et Le tiennent dans l'ignorance de tout. Et la machine continue à tourner.

Savez-vous qu'encore aujourd'hui, pour entrer ici, il faut avoir tué au moins dix musulmans ? Une disposition qui remonte à la première croisade et que personne n'a jamais songé à abroger ? Ainsi, chaque jour, on ouvre la porte à vingt ou trente parachutistes, sans que personne remue le petit doigt. C'est comme ça. Il existe encore un Comité pour la liquidation des Albigeois et personne ne sait ce qu'on y fait, mais il existe, avec papier à en-tête et tout.

Allez donc le dire. Avec la clique des Dominations, pas question de bouger ! Dans les petites choses comme dans les grandes, d'ailleurs. Vous n'avez qu'à voir tout ce tintouin pour la réhabilitation de Satan. Ce ne serait pas bien difficile, non ? Il n'y a qu'à faire une ouverture vers le bas, et tout le problème du Mal est réglé. Les jeunes Trônes, au fond, travaillaient à cela, mais regardez comme ils se sont fait river leur clou. Et les Anges Gardiens ? Vous avez lu quelque chose là-dessus ? Ils étaient en bas, près des hommes ; ils les comprenaient, ils étaient

75

solidaires, forcément. Eh bien, l'un d'eux, par camaraderie, aura sans doute commis quelque péché : il y a une solidarité de classe, non ? Alors, ça n'a pas fait un pli : ils ont tous été mutés au Service Chaudières du Premier Mobile. Et l'on ne sait même pas — vous entendez : on ne sait même pas — s'Il était au courant, Lui. Ils font et défont, à coups d'arrêtés et de décrets, et finalement rien ne bouge. Rien.

Songez seulement au temps qu'il leur a fallu pour accepter la réforme Ptolémée : à la mort du bonhomme, ils n'en étaient même pas à la réforme Pythagore et l'on avait encore une structure barbare à terre plate, limitée par les Colonnes d'Hercule. Savez-vous ? lorsque Dante est arrivé ici, on en avait à peine terminé avec Ptolémée et il y avait encore un Département pour la Musique des Sphères — ils ne s'étaient pas rendu compte que si chaque planète avait émis, en tournant, une note de la gamme, elles auraient fait, toutes ensemble, un boucan du diable. Pardon, je voulais dire que cela aurait produit une dissonance insupportable.

Mais en plus, savez-vous que lorsque Galilée publiait le *Saggiatore*, on sortait ici une circulaire qui abolissait l'Antiterre ? Et Lui, l'histoire de l'Antiterre, Il ne l'a jamais sue — je le tiens de source sûre. Pendant tout le Moyen Age, Il était tenu dans une totale ignorance : la clique des Séraphins travaillait en relation directe avec la Faculté de Théologie de Paris, et c'étaient eux qui combinaient tout.

Lui, c'était quelqu'un, à l'époque de l'Eden. À ce qu'on dit, il fallait le voir ! Il s'est dérangé en personne, le jour où il a débarqué à l'improviste chez Adam et Ève. Il fallait l'entendre ! Et avant ? Eh bien, il a tout fait par lui-même, vous savez ? De ses propres mains. Et pas question de repos du septième jour : il a mis en place les archives générales de la création.

Mais même à l'époque... pour s'emparer du Chaos, qu'est-ce qu'il a dû en voir ! Il y avait Raphaël et dix ou douze autres grosses légumes qui ne voulaient pas : ils avaient des droits héréditaires sur le Chaos divisé en latifundia et ils le laissaient se décomposer — ils l'avaient eu en récompense pour l'expulsion des Rebelles... Il a dû recourir à la force. Si vous l'aviez vu ! *Spiritus Dei fovebat aquas.* Une scène du genre « Tatarata ! Voilà la cavalerie qui arrive ! ». Ceux qui l'ont vu ne sont pas près de l'oublier ! Les temps ont bien changé...

Les Rebelles, dites-vous ? Bah, vous savez, ils ont mis au point toute une histoire officielle et il n'y a qu'une seule version, celle des Hiérarchies, mais allez donc savoir la vérité... Lucifer, on essaye maintenant de le faire passer pour un communiste, mais je veux être pendu s'il était même social-démocrate. Un intellectuel avec des idées réformistes, voilà ce qu'il était ; de ceux qu'on liquide ensuite, dans les vrais révolutions. Au fond, que demandait-il ? Une plus grande représentativité et le lotissement du Chaos. Et puis, le Chaos, est-ce qu'Il ne l'a pas démembré, Lui ? (Voyez comment Il est : de lui-même, Il y vient de toute façon, mais il ne faut surtout rien Lui dire — despote éclairé tant qu'on voudra, mais quand même jaloux de son autorité, ça oui, alors !)

Quant à la représentativité, on ne l'a jamais vue, et ce n'est pas pour demain, vous savez ? Il pourrait changer d'avis, je pense. Mais ce sont les Hiérarchies Supérieures. Elles n'arrêtent pas de lui souffler dans le tuyau de l'oreille. Regardez ce qui se passe en ce moment avec la relativité. Qu'est-ce qui empêche de promulguer un décret ? Il le sait, Lui, que les déterminations spatio-temporelles d'un observateur placé sur le Ciel Cristallin sont différentes de celles faites à partir du Ciel de Mercure. Bien sûr qu'Il le sait. C'est Lui qui l'a fait, l'Univers, non ?

Mais allez donc le dire. On vous expédie tout droit aux Chaudières du Premier Mobile. Car il n'y a pas d'autre alternative : si l'on va jusqu'à admettre la constitution d'un univers en expansion et d'un espace courbe, il faut abolir les départements des Cieux, supprimer le mouvement périphérique du Premier Mobile et le remplacer par une propulsion énergétique continue et diffuse. Et alors ? Alors, les différents ministères disparaissent, le Podestariat du Ciel de Vénus saute, de même que le Chérubinat Central pour l'Entretien de l'Empyrée, la Direction Générale des Cieux, le Séraphinat du Premier Mobile et l'Assessorat à la Rose Mystique ! Vous avez compris ? L'organisation des *line* est en l'air et il faut établir une structure en *staff*, avec énergie décentrée. Dix grands Archanges sans portefeuille, voilà ce qui arrive. C'est pourquoi il n'en est pas question.

Essayez un peu d'aller à la salle des commandes du Premier Mobile et de parler de E = MC²... On vous flanque illico un procès pour sabotage. Savez-vous que l'instruction des chefs de chaudière se fait avec un manuel écrit ici par Albert de Saxe, *Théorie et pratique de l'impetus*, et avec un *Traité de la Vis Movendi*, que Buridan rédigea sur commande ?

C'est ainsi que les ennuis arrivent. Hier encore, le Département d'Initiative Planétaire a installé un système à proximité de la Nébuleuse du Cygne. Il fallait les entendre. Ils parlaient de stabilisation de l'épicycle et d'aménagement du déférent. Eh bien, une nova a explosé et il ne vont pas l'oublier de sitôt. Toute la zone est radioactive. Et allez chercher les responsables. Un accident, qu'ils disent. Mais un accident, ça veut dire le Hasard, vous savez, et le Hasard, ça signifie mettre en doute le pouvoir du Vieux ! Et ce ne sont pas des broutilles, Il le sait bien : le message aux Sept Cieux réunis pour discuter de la théorie subversive de la certitude statistique du Chaos, Il l'a écrit de sa propre main, car ces choses-là retiennent toute son attention !

Qu'est-ce qu'on peut faire ? dites-vous. Avec une réorganisation radicale et une nouvelle structure à expansion, tout peut s'arranger. On s'épand, on s'épand, et, un beau jour, on récupère l'Enfer. C'est d'ailleurs ce qu'ils veulent tous. Oecuménisme, œcuménisme, amour universel ! Vous devriez les entendre : en paroles, ils sont très forts. Mais Gabriel, dans son discours prononcé sur Jupiter dit que notre politique est une politique de dynamisme convergent. Si vous y regardez de plus près, cela signifie un univers en contraction. Il est bien bon, ce Gabriel ! S'il le pouvait, il laisserait la Terre en dehors de la légalité, avec l'Enfer. La Terre, il n'a jamais pu la souffrir. Il s'est chargé de l'Annonciation à contrecœur, parce qu'il ne pouvait pas dire non. Mais si vous saviez ce qu'il racontait à qui voulait l'entendre sur cette fille... Tenez, pour lui, le Fils est déjà trop à gauche. Je ne sais si je me fais bien comprendre. Quant au Saint-Esprit, il ne lui a jamais pardonné la Pentecôte. À ce qu'il dit, ils étaient déjà bien trop malins, ces douze-là. Le don des langues : il ne manquait plus que ça !

C'est un dur ; et un démagogue. Comme cul et chemise avec Moïse. Pour lui, le but de la création, c'était de faire sortir d'Égypte le peuple élu. Maintenant que c'est fait, ça suffit, comme il dit. Il n'y a plus qu'à fermer boutique. Pour ce qu'elle rapporte !... Si le Fils n'était pas là — et lui, il y tient, à la création —, il serait déjà parvenu à ses fins, à l'heure qu'il est.

Certains sont d'avis de soutenir le Fils et de faire le coup lorsqu'une bonne occasion se présentera. Mais c'est dangereux, il faut prendre garde : le Vieux est plus malin qu'on ne le pense, et il ne fait pas de cadeau. Ce sera une nouvelle chute des anges qui fait peur à tous. À tous, je vous dis. Et puis il y a le Saint-Esprit, qui souffle où il veut, de sorte qu'on ne sait jamais de quel côté il penche. Le moment venu, il retire son épingle du jeu, et alors, dites-moi un peu ce qu'on peut faire !

Et même le Fils, c'est moi qui vous le dis. D'accord, il est à gauche, il est à gauche. En paroles, ils le sont tous, mais croyez-vous qu'il accepterait, que sais-je ? le principe d'indétermination ? « Avec un peu de bonne volonté, on peut établir la position, la vitesse et même l'année de naissance d'un électron ! Regardez comment je fais, moi ! » Le beau mérite, pour lui ! Ne comprend-il pas que, pour les autres, c'est une autre paire de manches ? Il trouve que ce sont là des discussions byzantines d'intellectuels : « L'aménagement des Cieux, a-t-il dit justement cette année dans son message de Noël, représente la meilleure organisation que l'on puisse donner au Royaume pour marcher vers le nouveau Royaume dans le respect de la tradition et dans une progression sans anicroches ! » Vous saisissez ? Vous devez penser que ce sont des sottises. Cela n'empêche pas la Terre de suivre son petit bonhomme de chemin, pendant qu'ils se chamaillent entre eux et que personne n'ose y toucher par crainte que l'autre n'y mette les mains. Mais, pour nous, c'est une question vitale. Pour ceux qui vivent sur les planètes coloniales, c'est comme s'ils n'appartenaient pas au Royaume. Autrement, c'est la croix et la bannière pour obtenir la citoyenneté dans un des cieux. Alors, c'est fini, vous savez : vous êtes toute la journée à tourner en rond, et les seules nouvelles que vous ayez, c'est dans la Vision Béatifique. Oui, *tous les feuillets épars dans l'univers* [1], je t'en fiche ! Ce que veulent les hiérarchies, ce que l'Archangélicat laisse filtrer à travers la Vision Béatifique, voilà ce que vous lisez ! Pour le reste, c'est le brouillard complet. Ils nous traitent comme des enfants, vous savez.

1. Dante, *Paradis,* XXXIII, v. 87.

Et Lui, Il n'en sait rien. Il pense à Lui-même en tant qu'être pensant et s'imagine que tout va bien. C'est pourquoi ils ne veulent pas toucher à la constitution aristotélicienne ; ils Le bercent avec l'histoire du moteur immobile, de la transcendance absolue, et ne Le tiennent au courant de rien.

Entendons-nous bien, ce n'est pas que je sois un panthéiste. Je ne voudrais pas que vous pensiez que je prêche la subversion et que je parle par envie. Nous sommes tous d'accord pour reconnaître qu'il faut un Ordre et qu'Il a tous les droits de l'administrer. Il faut pourtant bien faire quelques concessions : les temps changent, non ?

Mais ça ne pourra pas durer longtemps comme ça, vous savez. Ici, les esprits s'échauffent, les gens commencent à s'agiter. Nous avons atteint le point d'ébullition.

Je ne vous donne pas plus d'une dizaine de milliers d'années, et vous verrez.

LA CHOSE

— Alors, monsieur le professeur ? demanda le général avec un geste d'impatience.

— Alors quoi ? répondit le professeur Ka. On voyait qu'il cherchait à temporiser.

— Cela fait cinq ans que vous travaillez ici, et personne ne vous a jamais dérangé. Nous vous avons fait confiance, mais nous ne pouvons continuer éternellement à vous croire sur parole. A présent, il est temps d'en venir au fait.

Il y avait une nuance de menace dans la voix du général, et Ka eut un geste de lassitude, puis esquissa un sourire :

— Vous avez touché mon point sensible, général, dit-il. Je voulais attendre encore un peu, mais vous me mettez au pied du mur. J'ai fait *quelque chose* — et sa voix se changea presque en murmure —, quelque chose d'important... Et, par le Soleil, il faudra bien que ça se sache !

Il fit signe au général d'entrer dans la caverne. Il le conduisit vers le fond, jusqu'à un endroit éclairé par un rai de lumière qui pénétrait à travers une mince ouverture pratiquée dans le mur. Et là, sur un replat de pierre lisse, il lui fit voir la Chose.

C'était un objet en forme d'amande, presque plat, dont la surface était taillée en nombreuses facettes, comme un gros diamant, mais opaque, avec des reflets quasi métalliques.

— Eh bien, fit le général d'un air perplexe, c'est un caillou.

Le professeur eut une lueur de malice dans ses yeux bleus, surmontés de sourcils en broussaille :

Oui, répondit-il, c'est un caillou, mais pas à laisser par terre avec les autres cailloux. Il est fait pour être tenu en main.

— Pour être ten... ?

— Tenu en main, mon général. Dans ce caillou, il y a plus de puissance que l'humanité n'a jamais pu en rêver. Il y a le secret de l'énergie, la force d'un million d'hommes. Regardez...

Il recourba ses doigts en leur donnant la forme de crochets et creusa la paume de sa main. Il les posa sur le caillou et assura sa prise, puis souleva la main et le caillou avec elle. La main collait au caillou ; la partie la plus massive de celui-ci adhérait à la paume et aux doigts, tandis que son extrémité en saillie pointait vers le sol, vers le haut, vers le général, selon les mouvements qu'exécutait le professeur avec son poignet. Il agita énergiquement le bras, et la pointe du caillou dessina une trajectoire dans l'espace. Puis il l'abattit de haut en bas, jusqu'à ce que la pointe rencontre la roche friable du replat. C'est alors que se produisit le miracle : la pointe frappa la roche, y pénétra profondément, la cassa. Le professeur renouvela son geste ; la pointe mordit la roche et y pratiqua une entaille, puis un trou, enfin un large cratère, la blessant, la brisant, la pulvérisant.

Le général regardait, les yeux écarquillés, retenant sa respiration :

— Phénoménal ! murmura-t-il en avalant sa salive.

— Et ce n'est rien encore, dit le professeur d'un air triomphant, même si je suis sûr que vous, avec vos doigts, vous ne seriez jamais arrivé à faire quoi que ce soit de semblable. Regardez, à présent.

Il prit dans un coin une grosse noix de coco, rugueuse, dure, inattaquable, et la tendit au général.

— Maintenant, dit-il, serrez-la avec vos deux mains et cassez-la.

— Allons, Ka, balbutia le général d'une voix tremblante, vous savez bien que ce n'est pas possible, vous savez bien qu'aucun de nous n'en serait capable... Seul un dinosaure y parvient, d'un coup de patte, et seul un dinosaure peut manger sa pulpe et boire son jus...

— Eh bien, regardez, maintenant ! lança le professeur sur un ton plein d'excitation.

Il prit la noix et la posa sur le replat, dans le cratère fraîchement creusé. Il saisit le caillou par la pointe et en brandit la partie massive. Son bras exécuta un mouvement rapide, apparemment sans effort ; le caillou s'abattit sur la noix et la fit voler en éclats. Le suc se répandit sur la roche ; dans la cavité, des morceaux de coque laissaient voir, sur leur face interne, la pulpe blanche, fraîche, appétissante. Le général en prit un et le porta avidement à sa bouche. Il regardait le caillou, Ka, ce qui avait été une noix de coco, et semblait muet de stupeur.

— Par le Soleil, Ka ! Voilà quelque chose de merveilleux. Avec cette « Chose », l'homme a centuplé sa force ; il peut tenir tête à n'importe quel dinosaure... Il est devenu maître de la roche et des arbres ; il a acquis un bras de plus, que dis-je ?... cent bras, une armée de bras ! Où l'avez vous trouvé ?

Ka sourit d'un air satisfait :

— Je ne l'ai pas trouvé, je l'ai fait.

— Fait ? Qu'est-ce que cela veut dire ?

— Cela veut dire qu'avant, il n'existait pas.

— Vous êtes fou, Ka, répliqua le général en tremblant. Il a dû tomber du ciel ; il a dû être apporté ici par un émissaire du Soleil, un esprit de l'air... Comment est-il possible de faire quelque chose qui n'existait pas avant ? !

— C'est possible, répondit Ka avec calme. Il est possible de prendre un caillou, de le frapper avec un autre caillou jusqu'à lui faire prendre la forme voulue. Il est possible de le façonner de manière à l'avoir bien en main. Et en se servant de celui-ci, il sera possible d'en faire beaucoup d'autres plus grands, plus pointus. C'est moi qui l'ai fait, mon général.

Le général transpirait abondamment :

— Mais il faut le dire à tous les autres, Ka. Toute la Horde doit le savoir. Nos hommes deviendront invincibles. Ne comprenez-vous pas ? Nous pouvons affronter un ours, à présent : il a ses griffes, mais nous avons cette Chose ; nous pouvons le déchirer avant qu'il nous ait déchirés lui-même, l'assommer, le tuer ! Nous pouvons tuer un serpent, écraser une tortue, tuer... grand Soleil !... tuer... un autre homme !

Le général s'interrompit, comme foudroyé par cette idée, puis se ressaisit, avec une lueur de cruauté dans le regard :

— C'est cela, Ka. Nous pourrons attaquer la Horde de Koamm. Ils sont plus grands, plus forts que nous, mais désormais, ils seront à notre merci ; nous les détruirons jusqu'au dernier ! Ka, Ka ! — il le secouait violemment par les épaules — C'est la victoire !

Ka avait un air grave, circonspect. Il marquait maintenant une certaine hésitation à parler :

— C'est pour cela que je ne voulais pas le montrer. Je sais que j'ai fait une découverte terrifiante. Quelque chose qui changera le monde. Je le sais. J'ai découvert la source d'une énergie effroyable. On n'avait jamais rien vu de semblable sur la terre. C'est pourquoi je ne veux pas que les autres sachent. Avec ça, la guerre deviendrait un suicide, mon général. La Horde de Koamm apprendrait bientôt elle aussi à en fabriquer, et, à la prochaine guerre, il n'y aurait plus ni vaincus, ni vainqueurs. Cette Chose, je l'ai conçue comme un instrument de paix, de progrès, mais je sais à présent qu'elle pourrait devenir quelque chose de mortel. Je la détruirai.

Le général semblait hors de lui :

— Vous êtes fou, Ka ! Vous n'en avez pas le droit. Voilà bien vos scrupules idiots d'homme de science. Vous êtes resté enfermé là-dedans pendant trois ans et vous ne savez rien du monde ! Vous ne savez pas que nous sommes à un tournant de la civilisation, que si la Horde de Koamm l'emporte, il n'y aura plus de paix, de liberté, de joie pour les hommes. Nous avons le devoir sacré de posséder cette Chose ! Il n'est pas dit que nous nous en servirons tout de suite, Ka. Il suffit qu'on sache que nous la possédons. Nous ferons une démonstration expérimentale devant nos adversaires. Puis l'usage en sera réglementé, mais, tant que nous serons les seuls à l'avoir, personne n'osera nous attaquer. En attendant, nous pourrons l'utiliser pour creuser les tombes, construire de nouvelles cavernes, casser les fruits, niveler le terrain ! Il suffit de la posséder ; il n'est pas nécessaire de s'en servir. C'est un instrument de dissuasion, Ka, qui fera se tenir tranquilles les gens de Koamm pendant un bon bout de temps !

— Non, non, non, répondit Ka d'un air désolé. Dès que nous l'aurons sous la main, plus personne ne pourra s'arrêter. Il faut la détruire.

— Mais alors, vous êtes un allié objectif des ennemis, Ka !, lança le général, blême de rage. Vous faites leur jeu, vous êtes un crypto-koammite, comme tous les intellectuels de votre acabit, comme ce poète qui parlait hier soir de l'union entre les êtres humains. Vous ne croyez pas au Soleil !

Ka fut parcouru d'un frisson. Il baissa la tête ; ses yeux se firent petits et tristes sous la touffe de ses sourcils broussailleux :

— Je savais bien que nous en arriverions là. Je ne suis pas des leurs, et vous le savez. Au nom du cinquième commandement du Soleil, je me refuse à répondre à une demande de ce genre, qui pourrait attirer sur moi la colère des esprits. Pensez ce que vous voulez, mais la Chose ne sortira pas de cette caverne.

— Mais si, qu'elle sortira, et tout de suite, pour la gloire de la Horde, pour la civilisation, pour le bien-être, pour la Paix, hurla le général. Il saisit la Chose dans sa main, comme il l'avait vu faire à Ka, et l'asséna avec force, avec rage, avec haine, sur la tête du professeur.

L'os frontal de Ka craqua sous le choc et un flot de sang jaillit de sa bouche. Sans un cri, Ka s'écroula sur le sol, teignant de rouge la roche tout autour de lui.

Le général contempla avec effarement l'objet qu'il tenait en main. Puis il se mit à sourire, d'un sourire de triomphe, cruel, impitoyable.

— Et d'un ! fit-il.

...

Le cercle de personnes immobiles, accroupies autour du grand arbre, garda un silence pensif. Baa, le poète, essuya la sueur qui avait abondamment coulé le long de son corps nu dans l'animation du récit. Puis il se tourna vers l'arbre, sous lequel était assis le Chef, occupé à mastiquer voluptueusement une grosse racine.

— *Puissant Szdaa, dit-il humblement, j'espère que mon histoire t'a plu.*

Sdaa esquissa un geste d'ennui :

— *Vous les jeunes, je ne vous comprends pas. Ou c'est peut-être moi qui deviens trop vieux. Tu as une belle imagination, mon garçon, il n'y a pas à dire. Mais je n'aime pas la sience-fiction. Que voulez-vous ? je préfère encore les romans historiques.*

Il fit un signe et appela auprès de lui un vieillard au visage parcheminé :

— Mon bon Kgru, dit-il, tu n'es sans doute pas un maître du Nouveau Chant, mais tu sais encore raconter des histoires qui ont de la saveur. À toi, maintenant.

— Oui, puissant Szdaa, répondit Kgru, je vais te raconter à présent une histoire d'amour, de passion et de mort. Une chronique du siècle passé. Elle a pour titre : Le Secret du gorille enchaîné ou La Disparition du Chaînon Manquant.

DE L'IMPOSSIBILITÉ D'ÉTABLIR UNE CARTE DE L'EMPIRE À L'ÉCHELLE DE 1/1

... Dans cet empire, l'art de la cartographie atteignit une telle perfection que la carte d'une seule province occupait toute une ville, et la carte de l'Empire toute une province. Avec le temps, ces cartes démesurées ne suffirent plus. Les collèges des cartographes firent une carte de l'Empire qui avait l'immensité de l'Empire et coïncidait parfaitement avec lui. Mais les générations suivantes, moins portées à l'étude de la cartographie, pensèrent que cette carte énorme était inutile et, non sans impiété, l'abandonnèrent aux inclémences du Soleil et des hivers. Dans les déserts de l'Ouest survivent des vestiges déchirés de la carte, habités par des animaux et des mendiants ; dans tout le pays, il n'existe pas d'autre relique des disciplines géographiques.

De *Viajes de Varones Prudentes* de Suárez Miranda (livre IV, chap. XIV, Lérida, 1658).

Jorge Luis Borges

1. *Conditions requises pour une carte à l'échelle de 1/1.*

On traite ici de la possibilité théorique d'une carte de l'empire au un unième (1/1) en partant des postulats suivants :

1. Que la carte soit effectivement au 1/1 et, par conséquent, à la dimension du territoire de l'empire.

2. Que ce soit une carte et non un décalque : on n'envisage donc pas la possibilité que la surface de l'empire soit recouverte d'un matériau souple qui reproduise ses moindres reliefs ; en pareil cas, il ne s'agirait pas de cartographie, mais d'emballage ou de revêtement de l'empire, et autant vaudrait alors décréter officiellement que l'empire est sa propre carte, avec tous les paradoxes sémiotiques qui en résulteraient.

3. Que l'empire dont il s'agit soit cet x en comparaison duquel *nihil majus cogitari potest,* et que, partant, la carte ne puisse pas être réalisée et étalée dans une zone désertique d'un autre empire x_2 tel que $x_2 \geqq x_1$ (comme si on étalait dans le Sahara la carte au 1/1 de la république de Saint-Marin). En pareil cas, la question serait dépourvue de tout intérêt théorique.

4. Que la carte soit fidèle, et représente donc, de l'empire, non seulement les reliefs naturels, mais également les ouvrages d'art, ainsi que la totalité des sujets (ce dernier point étant une condition optimale qui peut être à la rigueur laissée de côté par une carte simplifiée).

5. Que ce soit une carte et non un atlas en planches séparées : en théorie, rien n'empêche de réaliser, dans des délais raisonnables, une série de projections partielles sur des feuilles séparées à utiliser individuellement si l'on veut se reporter à telle ou telle portion du territoire. La carte peut donc être réalisée sur feuilles séparées, mais à condition de réunir celles-ci bord à bord de façon à constituer la carte d'ensemble du territoire de l'empire tout entier.

6. Qu'enfin la carte apparaisse comme un instrument sémiotique, c'est-à-dire capable de signifier l'empire, ou

de permettre des références à l'empire, en particulier dans les cas où l'empire ne peut être autrement perceptible. Cette dernière condition exclut que la carte soit une feuille transparente étalée de façon stable sur le territoire, sur laquelle les reliefs dudit territoire seraient projetés point par point, parce qu'en pareil cas, toute extrapolation effectuée sur la carte serait effectuée en même temps sur le territoire sous-jacent, et que la carte perdrait sa fonction de graphe existentiel maximum.

Il faut donc que 1) la carte ne soit pas transparente, ou que 2) elle ne repose pas sur le territoire, ou qu'enfin 3) elle soit orientable, de manière que les points de la carte reposent sur des points du territoire qui ne sont pas les points représentés.

On démontrera que chacune de ces trois solutions aboutit à des difficultés pratiques et à des paradoxes théoriques insurmontables.

2. *Modes de réalisation de la carte.*

2.1. *Carte opaque étalée sur le territoire.*

Étant opaque, une telle carte serait perceptible même sans la perception du territoire sous-jacent, mais elle ferait écran entre le territoire et les rayons solaires ou les précipitations atmosphériques. Elle altérerait donc l'équilibre écologique du territoire en question, de sorte qu'elle le représenterait autrement qu'il n'est en réalité. La correction continuelle de la carte, théoriquement possible dans le cas d'une carte suspendue (cf. **2.**2) est en l'occurrence impossible, car les altérations du territoire sont imperceptibles à cause de l'opacité de la carte. Les habitants feraient donc des déductions à propos d'un territoire inconnu d'après une carte infidèle. À supposer enfin que la carte

91

doive représenter également les habitants, elle serait tout aussi infidèle, car elle représenterait un empire habité par des sujets qui habitent en fait sur la carte.

2.2. *Carte suspendue*

On plante sur le territoire de l'empire des pieux d'une hauteur égale à ses reliefs les plus élevés, et l'on étend sur leurs sommités une surface de papier ou de toile de lin sur laquelle on projette d'en-bas les points du territoire. La carte pourrait être utilisée comme signe du territoire, étant donné que, pour l'examiner, il faut lever les yeux en l'air en les détournant du territoire correspondant. Cependant (et c'est une condition qui vaudrait aussi pour la carte opaque étalée, si celle-ci n'était pas rendue impossible par d'autres considérations encore plus impératives), chaque portion de la carte ne pourrait être consultée que si l'on réside sur la portion de territoire correspondante, si bien que la carte ne permettrait pas de tirer des informations sur les parties de territoire autres que celles sur lesquelles on la consulte.

On pourrait surmonter le paradoxe en survolant la carte par en haut. Mais (mis à part 1) la difficulté de sortir avec des cerfs-volants ou des ballons captifs d'un territoire entièrement recouvert par une surface de papier ou de toile de lin ; 2) celle de rendre la carte pareillement lisible d'en haut comme d'en bas ; 3) le fait que, du point de vue de la connaissance, on pourrait obtenir facilement le même résultat en survolant un territoire sans carte), si un sujet quelconque survolait la carte — en quittant, par le fait même, le territoire —, il rendrait automatiquement la carte infidèle, car elle représenterait un territoire qui a un nombre d'individus supérieur au moins d'une unité à celui des résidents effectifs au moment de l'observation aérienne.

La solution ne serait donc possible que pour une carte simplifiée qui ne représente pas les sujets.

Enfin, si la carte suspendue est opaque, on peut faire les mêmes objections que pour la carte étalée : en empêchant la pénétration des rayons solaires et des précipitations atmosphériques, elle altérerait l'équilibre écologique du territoire et en deviendrait par là-même une représentation infidèle.

Les sujets pourraient pallier l'inconvénient de deux façons : en réalisant chaque partie de la carte, une fois tous les pieux plantés, au même moment sur tous les points du territoire, de manière que la carte soit fidèle au moins à l'instant où elle est exécutée (et peut-être aussi pour de nombreuses heures suivantes) ; ou bien en procédant à la correction continuelle de la carte suivant les modifications du territoire.

Mais, dans ce second cas, l'activité correctrice des sujets les obligerait à des déplacements que la carte ne peut enregistrer, devenant ainsi encore une fois infidèle, sauf si c'est une carte simplifiée. En outre, les sujets, occupés à corriger continuellement la carte, ne pourraient contrôler la dégradation écologique du territoire, et l'activité de correction de la carte aurait pour conséquence finale la disparition de tous les sujets, et donc de l'empire.

Il en serait de même si la carte était d'une matière transparente et perméable. On ne pourrait la consulter de jour à cause de l'éblouissement causé par les rayons solaires, et toutes les zones colorées qui filtreraient ceux-ci réduiraient fatalement l'action du soleil sur le territoire, produisant également des transformations écologiques — de moindre portée, certes, mais d'un impact théorique tout aussi important sur la fidélité de la carte.

Il est inutile d'envisager le cas d'une carte suspendue pliable et dépliable en fonction d'une orientation différente. Cette solution permettrait certainement d'éliminer bien des difficultés mentionnées ci-dessus, mais, tout en étant techniquement différente de la solution de repliement d'une carte de troisième type, elle impliquerait des efforts physiques plus pénibles et n'échapperait pas, de toute façon, aux paradoxes du repliement qui valent pour la carte de troisième type, si bien que les objections soulevées par l'une s'appliqueraient aussi à l'autre.

2.3. *Carte transparente, perméable, étalée et orientable.*

Cette carte tracée sur un matériau transparent et perméable (de gaze, par exemple) est étendue sur la surface et doit pouvoir être orientable.

Toutefois, après l'avoir tracée et étalée, les sujets sont restés sur le territoire sous la carte, ou sont montés sur celle-ci. S'ils l'avaient réalisée au-dessus de leur tête, non seulement ils ne pourraient se mouvoir, car tout mouvement altérerait les positions des sujets qu'elle représente (sauf s'il s'agit d'une carte simplifiée), mais encore ils provoqueraient en se mouvant des chamboulements dans la très fine membrane de gaze tendue au-dessus d'eux, en éprouveraient une gêne notable et rendraient la carte infidèle, parce qu'elle prendrait alors une configuration topologique différente en laissant apparaître des zones de catastrophe ne correspondant pas à la planimétrie du territoire. On doit donc supposer que les sujets ont réalisé et étalé la carte en restant au-dessus.

On retrouve dans ce cas de nombreux paradoxes déjà rencontrés pour les cartes précédentes : la carte représenterait un territoire habité par des sujets qui habitent en réalité sur la carte (sauf s'il s'agit d'une carte simplifiée) ; la carte s'avère impossible à consulter, parce que chaque sujet ne peut examiner que la partie qui correspond au territoire sur lequel se trouvent et le sujet et la carte ; la transparence de la carte la priverait de fonction sémiotique, parce que celle-ci ne fonctionnerait comme signe qu'en présence de son référent ; en résidant sur la carte, les sujets ne peuvent s'occuper du territoire, qui se dégrade et rend la carte infidèle... Il faut donc que la carte soit pliable et ensuite dépliable suivant une orientation différente, de façon que chaque point x de la carte qui représente un point y du territoire puisse être consulté quand ce point x de la carte se trouve sur un quelconque point z du territoire où z ≠ y. Pliage et dépliage permettent enfin que, pendant de longues périodes, la carte ne soit pas consultée et ne recouvre pas le territoire, en offrant la possibilité de le cultiver et de l'entretenir, de manière que sa configuration effective soit toujours identique à celle qui est représentée par la carte.

2.4. *Pliage et dépliage de la carte*

Il faut poser dans tous les cas certaines conditions préliminaires : 1) que les reliefs du territoire permettent le libre mouvement des sujets préposés au pliage ; 2) qu'il existe un vaste désert central où la carte repliée puisse être rangée et déplacée en la faisant pivoter pour la déplier suivant une orientation différente ; 3) que le territoire soit en forme de cercle ou de polygone régulier, de façon que la carte, quelle que soit son orientation, ne sorte pas des limites de celui-ci (une carte au 1/1 de l'Italie qu'on ferait pivoter de 90° déborderait sur la mer) ; 4) que l'on accepte, en pareil cas, la condition inéluctable en vertu de laquelle il y aura toujours un point central de la carte qui se trouvera invariablement sur la portion de territoire qu'il représente.

Ces conditions satisfaites, les sujets peuvent se déplacer en masse vers les limites périphériques de l'empire pour éviter que la carte ne soit repliée avec les sujets à l'intérieur. Pour résoudre le problème de la concentration de tous les sujets aux bords de la carte (et de l'empire), il faut postuler un empire habité par un nombre de sujets qui n'est pas supérieur au nombre d'unités de mesure du périmètre total de la carte, l'unité de mesure du périmètre correspondant à l'espace occupé par un sujet debout.

On suppose maintenant que chaque sujet prend un pan de la carte et le replie progressivement en reculant : on atteindrait une phase critique où la totalité des sujets se trouverait concentrée au milieu du territoire, sur la carte, et soutenant les pans de celle-ci au-dessus de leur tête. Situation dite de catastrophe en scrotum, où la population tout entière de l'empire reste enfermée à l'intérieur d'une vésicule transparente, dans une position théoriquement sans issue, entraînant un grave inconfort physique et psychique. Les sujets devront donc, à mesure que se fait le pliage, sauter hors de la carte, sur le territoire, en continuant à la replier de l'extérieur, jusqu'au moment où s'opèrent les dernières phases du pliage, lorsque plus aucun sujet ne se trouve dans la vésicule interne.

Cependant, cette solution conduirait à la situation suivante : le territoire serait constitué, une fois le pliage terminé, de son propre habitat, avec, en plus, une énorme carte pliée en son centre. Par conséquent, la carte pliée, tout en étant inconsultable, serait infidèle, car il est certain qu'elle représenterait le territoire sans elle-même pliée au centre. Et l'on ne voit pas pourquoi on devrait ensuite déplier pour la consulter une carte que l'on sait a priori infidèle. Par ailleurs, si la carte représentait elle-même pliée au centre, elle deviendrait infidèle chaque fois qu'on la déplierait.

On pourrait admettre que la carte est sujette à un principe d'indétermination en vertu duquel c'est l'action de déplier qui rend fidèle une carte qui, une fois pliée, est infidèle. À cette condition, la carte pourrait ête dépliée chaque fois qu'on entend la rendre fidèle.

Reste (si l'on ne recourt pas à la carte simplifiée) le problème de la position qui devra être prise par les sujets après que la carte aura été dépliée et étalée suivant une orientation différente. Pour qu'elle soit fidèle, chaque sujet, une fois achevé le dépliage, devra prendre la position qu'il avait sur le territoire réel au moment de la représentation. Ce n'est qu'à ce prix qu'un sujet habitant sur le point z du territoire, sur lequel se trouve par exemple le point x_2 de la carte, serait exactement représenté au point x_1 de la carte qui se trouve, supposons, sur le point y du territoire. Chaque sujet pourrait en même temps obtenir des renseignements (d'après la carte) sur un point du territoire différent de celui sur lequel il habite, et comprenant un sujet autre que lui-même.

Si pénible et malcommode que soit cette solution, elle fait apparaître la carte transparente et perméable, étalée et orientable, comme la meilleure, et évite le recours à la carte simplifiée. Sinon qu'elle aussi, comme les cartes précédentes, n'échappe pas au paradoxe de la Carte Normale.

3. *Le paradoxe de la Carte Normale*

À partir du moment où la carte est mise en place de façon à recouvrir tout le territoire de l'empire (qu'elle soit étalée ou suspendue), celui-ci est caractérisé par le fait que c'est un territoire entièrement recouvert par une carte. Or la carte ne rend pas compte de cette caractéristique. À moins que ne soit placée sur la carte une autre carte qui représente le territoire avec, en plus, la carte sous-jacente. Mais le processus serait infini (argument aristotélicien du troisième homme). Dans tous les cas, si le processus s'arrête, on a une carte finale qui représente toutes les cartes interposées entre elle-même et le territoire, mais qui ne se représente pas elle-même. Appelons cette carte *Carte Normale*.

Une Carte Normale n'échappe pas au paradoxe Russell-Frege : territoire et carte finale représentent un ensemble normal dans lequel la carte ne fait pas partie du territoire qu'elle définit ; mais on ne peut concevoir des ensembles d'ensembles normaux (et donc des cartes de territoires avec cartes), même si nous considérons des ensembles d'ensemble à un seul membre, comme dans le cas qui nous occupe. Un ensemble d'ensembles normaux doit être conçu comme un ensemble non normal, dans lequel, par conséquent, la carte des cartes fait partie du territoire cartographique, *quod est impossibile*.

D'où les deux corollaires suivants :

1. Toute carte au 1/1 reproduit toujours le territoire infidèlement.

2. Au moment où on en établit la carte, l'empire devient irreprésentable.

On pourrait observer qu'avec le deuxième corollaire, l'empire réalise ses rêves les plus secrets en devenant imperceptible aux empires ennemis ; cependant, en vertu du premier corollaire, il deviendrait imperceptible également à lui-même. Il faudrait supposer un empire qui prend conscience de soi dans une sorte d'aperception transcendantale de son propre appareil catégoriel en action ; mais cela nécessite l'existence d'une carte douée d'auto-conscience qui (si tant est qu'elle soit concevable) deviendrait alors l'empire lui-même, si bien que celui-ci céderait son pouvoir à la carte.

Troisième corollaire : toute carte au 1/1 de l'empire sanctionne la fin de l'empire en tant que tel, et, par conséquent, est la carte d'un territoire qui n'est pas un empire.

TROIS CHOUETTES SUR LA COMMODE

La littérature consacrée au sixain de l'Anonyme aux Chouettes remplit maintenant un nombre impressionnant de rayons de bibliothèques, de sorte que l'historien de cette fortune critique ne peut se départir d'un obscur embarras en s'en instituant le doxographe.

Mais à tant faire, et si prudent et discret que soit l'hommage rendu à nos aînés, il ne sera pas inutile de reproduire ici le texte où se sont inscrites tant de différences d'interprétation, pauvre simulacre des *jouissances* qui s'y sont éludées, écriture et trace, passage signifiant, imago, fantasme peut-être.

Fixons-en la text-ure dans la version que Segre[1], avec une minutie scrupuleuse, en a établi — et de façon définitive — il n'y a pas si longtemps, en 1970 :

Ambarabà ciccì coccò,
tre civette sul comò
che facevano l'amore
con la figlia del dottore.
Ma la mamma le chiamò...
Ambarabà ciccì coccò.

1. « Texte, contexte, co-texte et cocotexte », in *La Nouvelle Cryptique*, 3, 9, 1970.

Ce qui signifie littéralement en français :

Ambaraba cicci cocco,
trois chouettes sur la commode
qui faisaient l'amour
avec la fille du docteur.
Mais la maman les appela...
Ambaraba cicci cocco.

Il existe sur ce sixain de nombreuses versions dans d'autres langues, en particulier une adaptation en français due à l'*Ouvroir de Littérature Potentielle,* qui se présente ainsi :

Ambaraba cicci cocco,
trois chouettes qui font dodo
en baisant sur la commode
une fille très à la mode.
Mais maman cria aussitôt :
Ambaraba cicci cocco !

On y constate la disparition de la « fille du docteur », récupérée au niveau connotatif par l'allusion à une fille de mœurs non traditionnelles. Passons ensuite à la version allemande anonyme, où l'on peut noter l'influence de Hugo Ball, et peut-être même, pour une oreille attentive et sensible, un écho de l'art consommé de Christian Morgenstern :

Ambaraba Zi Zi Koko
Drei Käuze auf dem Vertiko,
Die legten sich aufs Ohr
Mit der Tochter vom Doktor.
Doch da schrie die Mutter so :
Ambaraba Zi Zi Koko !

La version anglaise, publiée dans la revue *Finnegans Cake,* apparaît plus intéressante comme réussite poétique, mais certainement *extra moenia* pour ce qui est des lois du genre et de l'ensemble des renvois extra-textuels :

There were three old Owls of Cochoers
screwing a girl onto a big Chest of Drawers.
But the Maid was the Daughter
of a Doctor, and their Mother
cried : « Come back, lousy old Owls of Cochoers ! »

Pour revenir au texte original italien, le problème qui a le plus préoccupé la critique est certainement celui de sa datation. Bien que les allitérations du premier et du dernier vers aient jadis incité Vossler à évoquer des échos de la littérature proto-latine, notamment le *Carmen Fratrun Arvalium,* il est certain que le sixain ne peut être daté d'une période antérieure à la fondation de l'université de Bologne, car, sinon, on ne voit pas comment la fille pourrait être appelée fille de docteur. Il est pourtant vrai que, dans sa superbe étude des variantes du poème, Contini a fait ressortir que, sur un manuscrit plus ancien, le troisième vers ne dit pas « qui faisaient l'amour » (amore), mais « qui faisaient l'erreur » (errore). Même si la connotation sexuelle du *crimen* n'est absolument pas atténuée, mais se trouve au contraire renforcée par l'allusion subtilement moralisante, il n'est personne qui ne voie que c'est seulement dans la version postérieure que l'Anonyme, en substituant *amour* à *erreur,* a réalisé l'admirable paronomase avec le *chiamò* du cinquième vers, créant ainsi une antithèse métaplastique (riche en possibilités sémémiques, même au niveau de structures actantielles) entre l'amour anxieux et protecteur de la mère et l'amour possessif et irréfléchi des trois chouettes

La mère des chouettes ou de la fille, car on ne sait pas exactement de qui elle est la maman. Il semblerait aller de soi qu'elle est la mère qui s'inquiète pour sa fille, mais on se demande alors pourquoi, comme le note finement Starobinski [1], elle devrait appeler les chouettes et non pas sa fille, à moins que tous les liens familiaux, ainsi que les caractères sexuels des acteurs du drame, ne soient beaucoup moins évidents qu'il n'y paraît à une première lecture superficielle [2].

Quoi qu'il en soit, et pour revenir au problème de la datation, le poème ne semble pas antérieur au XIe siècle de l'ère chrétienne, et il est peut-être bien plus tardif, si, comme l'observait Le Goff, « la commode fait son apparition dans la pratique et la philosophie de l'ameublement avec le déclin d'une économie foncière et l'ascension d'une classe paysanne de petits propriétaires, pas encore complètement affranchis, mais échappant en tout cas aux conditions de vie des serfs attachés à la glèbe. C'est vers le XVIIIe siècle, enfin, que se répandit dans les Ardennes l'usage de faire l'amour sur la commode plutôt que sur la paillasse, notamment parce que, sur la commode, il y a en général un miroir [3] ».

Autre conjecture élémentaire : la scène quasi primitive du rapport sexuel avec les chouettes, comme la qualifie Marie Bonaparte [4], ne peut avoir lieu que dans un milieu rural, étant donné qu'on voit mal comme une telle

---

1. « La Chouette sous les mots », in *Commutations*, 3, 1968.

2. A ce propos, Gay (*Le Cul et le Cuit*, 18, 1981), remarquant cette répétition obsessionnelle d'un morphème masculin à la fin de chaque vers, pose définitivement la question du sexe des chouettes, ainsi que de celui de la fille et de la mère.

3. « Temps de la paillasse, temps de la commode », in *Ânales*, XXX, I, 1960.

4. *Edgar Allan Poe, sa vie et son corbeau,* où Marie Bonaparte se demande ce qui serait arrivé si, dans « The Raven », il y avait eu trois chouettes au lieu d'un corbeau sur le buste de Pallas. L'auteur observe avec finesse combien il est difficile de faire prononcer « nevermore » à une chouette, et à plus forte raison à trois chouettes.

concentration de chouettes pourrait se rencontrer dans un milieu urbain.

Maintenant que voilà établie une datation approximative du sixain, il ne nous reste plus qu'à décrire sa structure rythmique et métrique.

Il s'agit, comme il apparaît à première vue, d'un pentasyllabe double (répété au début et à la fin), avec double accentuation : sur la première, quatrième, sixième et huitième syllabes, qui introduit quatre octosyllabes dactyliques, de sorte que les six vers sont à rimes embrassées. Dure et « admirable conquête », comme l'observe Contini dans l'essai déjà cité, si l'on considère que, dans une version précédente, le second vers disait « tre civette sulla cassettiera » (« trois chouettes sur le chiffonnier »), avec une perte évidente d'énergie métrique et accentuelle.

Quoi qu'il en soit, une remarquable analyse structurale du sixain nous est donnée par Jakobson et Lévi-Strauss dans *Les Chouettes,* étude magistrale et restée inégalée où les auteurs notent avant tout que les deux premiers octosyllabes présentent des êtres infra-humains (les chouettes et la commode), tandis que les deux suivants montrent des êtres humains ; de même, le premier et le troisième octosyllabes mettent en scène des sujets, alors que le second et le quatrième évoquent des actions. Cette prodigieuse symétrie sémantique est renforcée, avec un superbe parallélisme, par un extraordinaire jeu d'oppositions phonologiques. Dans la première moitié du pentasyllabe double, l'allitération repose sur une occlusive momentanée explosive bilabiale grave sonore, cependant que, dans la seconde moitié, on a une opposition entre deux paires de dorsales sourdes, où la première paire allitérante est faite d'affriquées semi-occlusives palatales stridulées, et la deuxième d'occlusives momentanées explosives vélaires graves compactes

103

Cette double pseudo-allitération est paronomastiquement rappelée dans le premier octosyllabe *(civette/comò)*, tandis que l'entrée en scène de la mère se joue tout entière sur la quadruple répétition de la bilabiale nasale [m].

Quant au niveau lexical, non seulement « les chouettes, nommées dans le second vers du poème, ne figurent en nom dans le texte qu'une seule fois », mais encore la fricative spirante labiodentale grave continue sonore [v] de *civette* ne revient jamais plus dans le sixain, sinon travestie en labiodentale spirante fricative grave continue sourde [f]. Aussi la présence des chouettes, suggérée mais jamais plus indiquée, représente-t-elle dans le sixain un *hapax* « qui brille comme un solitaire ». Rappelés par les anaphoriques /che/ (troisième vers) et /le/ (cinquième vers), les chouettes n'en dominent pas moins le poème : oiseaux de Minerve, elles sont indubitablement un travestissement des « savants austères », et à la fois, en tant que sujets d'un acte sexuel, « les amoureux fervents » de Baudelaire. D'où l'identification de la fille aimée avec un chat, de ceux qui sont l'« orgueil de la maison », dans la mesure où ils sont en évidence sur la commode, et sont « comme eux sédentaires... amis de la science (le docteur) et de la volupté (l'amour) ». La dialectique du désir est absente de l'analyse de Jakobson et de Lévi-Strauss (et il ne pouvait en être autrement, en cette funeste période d'obédience paléostructuraliste). En revanche, elle s'instaure triomphalement dans l'histoire critique de ce poème avec le célèbre *Séminaire XXXV* de Jacques Lacan.

Comme on le sait, au début de ce séminaire *(de qui était la fille sur la commode ?)*, le *docteur* Lacan avait retiré les éléphants distribués à la fin du *Séminaire I* et remis aux participants de petites chouettes, affirmant qu'il était plus facile de les poser sur la commode que les éléphants [1]. Il avait ensuite remarqué qu'en général, il y a, sur une commode, un miroir. Mais (et c'est là assurément le coup de génie de ce séminaire), tandis que ses disciples fixaient leur attention sur ce bien paraphernal dont on use et abuse, le docteur Lacan, indiquant clairement la méthode [2], reconnut dans la commode un meuble caractéristique à tiroirs et inaugura sa nouvelle théorie du *stade du tiroir*.

Le tiroir est en effet le lieu du refoulé, et le poème apparut à Lacan comme l'allégorie même de l'*Urverdrängung,* alors que l'action pulsionnelle des chouettes, inspirée seulement en apparence par le désir, se révélait comme un travestissement à peine implicite du *Bemächtigungstrieb,* ou bien, comme l'expliqua ce même Lacan dans son français limpide, d'une *Überwältigung* de la fille objet [3].

Il est maintenant absolument indispensable de passer à un point de vue anglo-saxon plus positif et plus vérifiable qui dissipe ces brumes transalpines. Nous rappellerons que Noam Chomsky [4], dès les années soixante, avait relevé que la théorie transformationnelle rencontrait de sérieuses difficultés pour expliquer le pentasyllabe initial du poème. Chomsky, dans ce qu'il avait d'abord désigné sous le nom de Standard Theory of the Chest of Drawers (STCD),

1. On sait qu'Armando Verdiglione, dans *Spiralo-stérilets et diaphragmes,* avait affirmé que les chouettes étaient *l'abject ;* il s'était obstiné à placer des éléphants sur la commode, rompant ainsi en visière avec son ancien maître, et avait démoli un précieux meuble du XIXe siècle qui appartenait par ailleurs au petit Hans, lequel ne put supporter le choc et mourut dans une clinique psychiatrique de Vienne en se prenant pour l'homme aux loups.

2. « La parole dont je me leurre ne pourra que se taire dans l'éclatement de ce qu'elle cache. Et pourtant... » (suivaient cent quatre-vingts minutes de silence pendant lesquelles le Docteur Lagache tentait de se dépêtrer d'un nœud borroméen en poussant des cris perçants) cf. Julia Kristeva, « Chora-Chora », in *Quel Tel,* 1980, de la page 70 à la page 25.

3. Annika Rifflet-Lemaire rapporte que Lacan, dans la dernière phase de sa pensée, songeait à poursuivre ses expériences en posant un miroir de poche sur une boîte de cigares, étant donné que, lors de la liquidation de l'École Freudienne, la commode avait été mise sous séquestre.

4. Noam Chomsky, Personal Communication, forthcoming. Cf. aussi Jean Baudrillard, *Oublier Chomsky.*

avait tenté d'analyser la WP *ambarabà ciccì coccò* — WP signifiant « What ? phrase », d'après l'exclamation poussée par Dwight Bolinger (« What ? ! »), lorsqu'il s'était trouvé, en tant que *native informant,* devant l'*uterrance* du pentasyllabe en question. La STCD avait représenté ainsi le pentasyllabe :

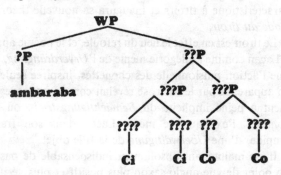

Mais, dans la phase suivante (Théorie des Chouettes, OET), le célèbre linguiste décida de recourir au classique astérisque, représentant le fatal pentasyllabe de cette façon :

(1) * ambaraba cicci cocco.

Solution incontestablement *ad hoc,* subtilement réfutée par Snoopy, Snoopy and Snoopy (1978), avec une référence à Frege, pour lesquels, étant donné que le signifié (au sens de *Bedeutung)* de tout énoncé est toujours une valeur de vérité, et que toutes les phrases astérisquées ne sont ni vraies ni fausses, le signifié de (1) doit être considéré comme l'équivalent du signifié de (2) :

(2) * les idées vertes sans couleur dorment furieusement,

avec ce résultat paradoxal que si l'on voulait émettre une assertion sur la *virtus dormitiva* des idées vertes sans

106

couleur, il faudrait énoncer (1). Ce qui ne mènerait non plus à rien, observent Snoopy, Snoopy and Snoopy, sinon que le poème des Chouettes devrait alors être récrit ainsi :

(3) Les idées vertes sans couleur dorment profondément,
trois chouettes sur la commode
qui faisaient l'amour
avec la fille du docteur.
Mais la maman les appela,
les idées vertes sans couleur dorment furieusement.

Il est pourtant vrai que cette conclusion paradoxale permit à Harold Bloom d'écrire un essai pénétrant sur la poésie comme malentendu [1], fournissant à Jacques Derrida l'occasion de se livrer à quelques réflexions provocatrices sur la dérive interprétative [2], mais la tentative fut brisée net par Quine [3], qui observa que, si l'énoncé (3) avait dû être lu en termes de *post hoc ergo propter hoc* (*si* les idées vertes, etc., *alors* trois chouettes, etc.), il faudrait en déduire que, en supposant :

p = les idées vertes sans couleur dorment furieusement,

q = trois chouettes sur la commode font l'amour avec la fille du docteur,

p pourrait être nié uniquement par *modus tollendo tollens,* c'est-à-dire en admettant que q n'est pas vrai. Mais q ne pouvant être nié en raison du principe d'identité des identiques, il s'ensuit qu'il est impossible de nier p ; par quoi on admet qu'il est possible que des idées vertes sans couleur dorment furieusement, ce qui est intuitivement faux, *salva veritate.*

1 . *Misunderstanding Kabbalah,* New Haven, Yale University Press, 1980 (traduction partielle in *Revue d'Estatique,* 3, 1981).

2 . Jacques Derrida, *Le Facteur chouette et la dérridance,* Paris, Éditions de Midi, 1980.

3 . « Owls as Natural Kinds », in *VRSVS,* revue de zoosémiotique, 5, 1981.

Il vaut la peine de mentionner la tentative de Chafe, Chafe and Chafe (1978), pour qui *coccò* serait une forme verbale (troisième personne du singulier du passé simple de *coquer)* et *Ambarabà Cicci* un nom propre. En ce cas, le sixain devrait être lu comme l'histoire d'un certain Ambarabà Cicci qui coquait trois chouettes sur la commode (les auteurs ne se posaient pas la question de savoir ce que signifiait *coquer,* étant donné qu'ils soutenaient la légitimité d'une pure analyse distributionnelle).

Cette hypothèse, comme on le sait, a été battue en brèche par Kripke à la lumière d'une théorie causale du signifié, vu qu'il n'était pas possible d'identifier l'expression Ambarabà Cicci comme désignateur rigide, faute de preuves d'un baptême initial [1].

À l'objection de Searle [2], qui prétendait qu'Ambarabà Cicci pouvait être remplacé par une description définie comme (4) :

(4) The only man who cocooed the owls in Como,

Kripke répondit en relevant les inconvénients auxquels on s'exposerait en remplaçant le nom par la description définie dans des contextes opaques comme (5) :

(5) John thinks, that Nancy hoped that Mary believed that Noam suspected that Ambaraba was not a proper name,

1. « Ambaraba in S5 », in *Lyre,* 5, 1982.
2. Kripke comme Searle étaient manifestement victimes d'une méprise, due sans doute à une édition critique défectueuse. Ils avaient en effet pris *comò (commode)* pour *Come (Côme)* (toponyme), et chacun peut voir que l'interprétation du poème en a été fatalement compromise. Sur cette équivoque, voir les subtiles remarques de D'Arco Silvio Avalle, dans « Les Chouettes de Montale », in *La Revue ad oc* (Montségur). Cf. aussi G. Deleuze et F. Guattari, *Mille oiseaux.* Sur l'impossibilité d'interroger le langage, voir Gianni Vattimo, *Pensée rigide et désignateurs faibles,* 1980. On pense que Kripke, obnubilé par la conviction que les chouettes se trouvaient à Côme, a limité ses recherches sur la cérémonie du baptême aux registres de la paroisse de cette ville. C'est à cela que l'on devrait la conclusion selon laquelle il n'a jamais existé aucun Ambarrabà Cicci, alors qu'il serait plus exact de dire qu'il n'a jamais existé aucun Ambarabà Cicci à Côme.

étant donné qu'affirmer que :

(6) John thinks that... the only man who cocoed the owls in Como was not a proper name,

est non seulement dépourvu de sens, mais manifestement faux, vu que chacun sait que :

(7) John is eager to please,

et que, par conséquent, John ne se permettrait jamais d'émettre des affirmations aussi stupides et de s'attirer ainsi la réprobation générale.

La situation de toute cette querelle fut vigoureusement redressée par les sémanticiens génératifs (voir en particulier Fillcawley, Mc Jackendkoff, Klima-Toshiba and Glup, 1979) qui décidèrent de renoncer à l'impossible analyse du premier vers et concentrèrent leur attention sur les vers suivants, manifestement simplifiés sous la forme de l'énoncé (6) :

(8) three owls are screwing the girl on the chest of drawers,

déduit de la version anglaise du poème, et donnèrent de (8) la représentation suivante (voir le graphique 1).

La rude polémique entre transformationalistes, générativistes et philosophes du langage s'apaisa finalement grâce à l'intervention de Montague (1979), qui, dans un de ses essais exemplaires sur le poème des chouettes, décida d'admettre un prédicat P tel que :
P = être trois chouettes sur la commode qui font l'amour avec la fille du docteur jusqu'à ce que la maman les appelle,

109

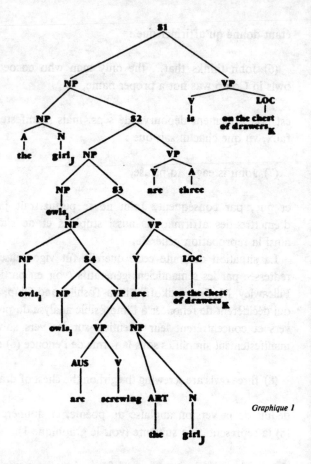

Graphique 1

ce qui permettait de formaliser ainsi le poème tout entier (en indexant sur un monde possible ^{w1}).

$$P \times {}^{w1}$$

On notera que, en admettant que dans un autre monde possible ^{w2} le prédicat P puisse être supposé tel que :

P = être le seul individu qui sur le milieu du chemin de la vie se trouve dans une forêt sombre, etc.,

110

la *Divine Comédie* aussi pourra être formalisée de façon adéquate comme :

$$P \times {}^{w2}$$

montrant ainsi presque iconiquement la profonde affinité entre toutes les œuvres d'art dignes de ce nom[1].

Mais, par réaction contre l'hypersimplification des écoles anglo-saxonnes, Greimas et l'École de Paris, après avoir identifié dans le poème, au niveau fondamental, quatre actants (Sujet, Objet, Adjuvant et Opposant) et en avoir relevé l'actorialisation sous les anthroponymes de chouettes, fille, commode et maman, y décelèrent deux programmes narratifs.

Le premier F $[S_1 \rightarrow (S_1 \cap O\nu)^\circ]$ où les chouettes se combinent avec l'objet de valeur fille, et le second F $[S_2 \rightarrow (S_1 \cup O\nu)]$ où la mère disjoint les chouettes de son objet de valeur. Au cours du premier programme, étant donné un carré de modalité telle que :

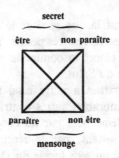

la fille (qui ne sait pas ce que les chouettes lui font) semble jouer, mais ne joue pas (et elle est victime du mensonge des

1. Montague arrive aux conclusions énoncées par un raisonnement d'une sagacité exemplaire. À supposer que $\lambda y . \exists x R x y$ soit l'ensemble des objets se trouvant dans la relation Rx et soit défini par $[\lambda\, x_1\, \varphi]_g^m = [d : [\varphi]_g^m\, (x/d) = 1]$, c'est-à-dire comme l'ensemble des objets d qui, lorsqu'ils sont à la place de x satisfont φ ; à supposer aussi que $\lambda x \square P x$) *(i)* soit quelqu'un qui a nécessairement la propriété d'être P. Montague ne parvient plus à s'y retrouver et recourt à la solution simplifiée.

chouettes), alors que les chouettes se trouvent être les destinataires d'un secret (elles font l'amour, mais elles n'en ont pas l'air, et elles font semblant de jouer au docteur avec la fille). Au cours du second programme narratif, la mère découvre la vérité et identifie le paraître avec l'être des chouettes. Laissons de côté les passages intermédiaires de la passionnante analyse greimasienne, au terme de laquelle l'auteur découvre que les oppositions profondes du poème peuvent être inversées sur le carré de la façon suivante :

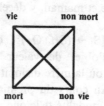

Cependant (et c'est là que se situe le *punctum dolens* de cette lecture au demeurant très pénétrante), l'auteur ne sait plus à la fin où placer la commode et décide d'en faire cadeau à l'Armée du Salut.

Les limites imparties à notre essai nous empêchent de considérer d'innombrables autres contributions critiques au passionnant problème posé par les chouettes. Il suffira de conclure, pour l'instant, par le récent essai d'Emanuele Severino, où, avec un sens lucide du Destin, une densité et une profondeur bien supérieures à ce que l'on peut obtenir en appliquant les méthodes laborieuses de tous les structuralismes et formalismes, il nous montre dans les chouettes qui exercent leur volonté de domination sur la fille du docteur l'essence même et la vocation de l'Occident [1].

1. Sur le problème de l'Occident, voir J.-F. Lyotard, *Le Post-Antique* et M. Heidegger, *Hitler ? Was ist das ?* Dachau, 1943. Cf. aussi G. Agamben, *Penser : c'est chouette, ça* [1]

Seule l'arrivée de la mère met fin à la volonté de puissance des chouettes et se pose comme négation du nihilisme de l'essence de l'Occident, allusion au « deuxième cavalier » et à la « volonté du Destin ». Pour l'accepter, les chouettes devront nécessairement comprendre que ce n'est qu'en renonçant à la domination du monde qu'elles pourront saisir la fausseté de l'affirmation selon laquelle il n'est pas vrai qu'il soit faux que l'être n'est rien. Le voulu est impossible et le sens de la vérité est éternellement ce que la volonté ne réussit pas et ne pourra jamais réussir à être. Ainsi l'*Ambarabà* initial et l'*Ambarabà* final sanctionnent, en scandant un éternel retour, la nullité du devenir comme irruption de l'inouï. Et la mère ne fait que mettre en évidence combien l'imprévisible serait prévisible pour celui qui aurait et nourrirait la volonté d'anticiper *(ante-capere,* pré-capturer) les chouettes et leur déconfiture. C'est pourquoi, comme au début, on a encore et toujours *Ambarabà.* L'entier est immuable.

Qu'il soit permis au chroniqueur de cette aventure critique, de s'arrêter là, à ce stade où la chronique n'est pas tautologie du factuel, mais interrogation et dérive ; condition suprême (la pause interrogative) pour que l'on puisse aller plus loin, et, ce faisant, renouer avec l'origine ; et, dans le dire, ne pas dire, et, dans le non dire, rester et persister dans l'identité du divers. Là où (les chouettes ont parlé pour nous, ou nous pour elles, et/ou le langage pour l'un et l'autre, ou le silence pour la parole) aucune voix ne pourra plus se taire dans la pleine effabilité de son propre vide.

C'est cela, et rien d'autre, que la Poésie attend de nous.

INDUSTRIE ET RÉPRESSION SEXUELLE
DANS UNE SOCIÉTÉ DE LA PLAINE DU PÔ

La présente enquête se donne pour champ de recherche l'agglomération de Milan, située dans la partie nord de la péninsule italienne, un protectorat vatican du Groupe des Méditerranéennes. Milan se trouve à environ 45° de latitude nord de l'archipel de Mélanésie et à environ 35° de latitude sud de l'archipel de Nansen dans l'océan Glacial Arctique. Elle se trouve donc dans une position presque médiane par rapport aux terres civilisées et, bien qu'elle fût plus facile à atteindre par les populations esquimaudes, elle est néanmoins restée à l'écart des différents itinéraires ethnographiques. Cette enquête sur Milan m'a été conseillée par le professeur Korao Paliau de l'Anthropological Institute des îles de l'Amirauté et j'ai pu conduire mes recherches grâce à l'aide généreuse de l'Aborigen Foundation of Tasmania, qui m'a fourni un *grant* de vingt-quatre mille dents de chien pour faire face aux frais de route et d'équipement. Par ailleurs, je n'aurais pu, à mon retour de voyage, revoir le matériel recueilli et rédiger ces notes avec la tranquillité voulue, si M. et Mme Pokanau, de l'île de Manus, n'avaient mis à ma disposition une maison sur pilotis à l'abri du vacarme habituel des pêcheurs de *trepang* et des marchands de copra qui ont malheureusement rendu infréquentables certaines zones de notre doux archipel. Par ailleurs, je n'aurais pu corriger les épreuves et rassembler les notes bibliographiques sans l'affectueuse collaboration de ma femme Aloa, qui a souvent su interrompre la confection de colliers de fleurs de *pua* pour courir à l'arrivée du bateau postal et transporter à la maison les énormes caisses de documents que je demandais de plus en plus fréquemment à l'Anthropological Documentation Center de Samoa, et qui eussent été trop lourdes pour moi.

Pendant des années, ceux qui se sont penchés sur les us et coutumes des peuples occidentaux l'ont fait à partir d'un schéma théorique et apriorique qui a interdit toute possibilité de compréhension. Le fait de condamner les occidentaux comme peuples primitifs uniquement parce qu'ils s'adonnent au culte de la machine et sont encore loin d'un contact vivant avec la nature constitue un bel exemple de cet arsenal d'idées fausses qui a servi à nos ancêtres pour juger les hommes incolores et en particulier les Européens. Une démarche relevant d'un historicisme mal compris tendait à faire croire que, dans toutes les civilisations, des cycles culturels analogues se réalisent, de telle sorte qu'en examinant, par exemple, le comportement d'une communauté anglo-saxonne, on estimait qu'elle se trouvait simplement à une phase antérieure à la nôtre et qu'un développement ultérieur de sa part amènerait un habitant de Glasgow à se comporter comme un Mélanésien. C'est grâce à l'œuvre éclairée de madame Poa Kilipak que le concept de « modèle culturel » a pu s'affirmer progressivement, avec les surprenantes conclusions qu'il comportait : un habitant de Paris vit selon un ensemble de normes et d'habitudes qui s'intègrent dans un tout organique et constituent une culture déterminée, qui a autant de valeur que la nôtre, bien que sous des formes différentes. À partir de là, la voie a été ouverte à une recherche anthropologique correcte sur l'homme incolore

et à une compréhension de la civilisation occidentale (car
— et je serai peut-être taxé, en disant cela, de relativisme
cynique — il s'agit bel et bien de civilisation, même si elle
n'est pas conforme aux normes de la nôtre. Et il n'est pas
dit — on me l'accordera — que cueillir des noix de coco en
grimpant pieds nus sur un palmier constitue un comportement
supérieur à celui du primitif qui voyage en *jet* en mangeant
des chips enfermées dans un sachet en plastique).

Mais même la méthode du nouveau courant anthropologique pouvait donner lieu à de graves méprises : par exemple,
lorsque le chercheur, justement parce qu'il avait reconnu une
dignité de culture au « spécimen » étudié, se référait aux
documents historiques directement produits par les indigènes
décrits, et en déduisait les caractéristiques du groupe en
question.

1. *L'hypothèse du Dr Dobu de Dobu (Dobu)*

Un exemple typique de cette « illusion historiographique »
nous est donné, précisément à propos du village de Milan,
par un livre du Dr Dobu de Dobu (Dobu), publié en 1910
et intitulé *Les villages italiens et le culte du « Risorgimento »*,
dans lequel le spécialiste cherche à reconstituer l'histoire de
la péninsule à partir des écrits historiques des autochtones.

D'après le Dr Dobu, la péninsule aurait été le théâtre,
au siècle précédent, de luttes très violentes visant à ranger
les différents villages sous un pouvoir unique ; et cela sur
l'initiative de certaines communautés, tandis que d'autres
s'opposaient fièrement à l'unification. Le Dr Dobu qualifie
les communautés favorables de révolutionnaires ou « risorgi-
mentales » (faisant ainsi allusion à un culte de la résurgence
répandu à cette époque et comportant probablement un fond
chamaniste), et les communautés hostiles de « réaction-
naires ».

Voici comment le Dr Dobu, avec son style si particulier, dans lequel nous reconnaîtrons plutôt les mérites de l'ornementation littéraire que ceux de la rigueur scientifique, expose la situation :

« *Des frémissements de Risorgimento se faisaient sentir à travers toute la péninsule, mais la réaction restait aux aguets, décidée à maintenir tous les patriotes et citoyens sous la botte de l'Autrichien. Certainement, tous les États italiens n'éprouvaient pas au même degré le désir ardent de la réunification, mais, parmi eux, ce fut le royaume de Naples qui brandit le flambeau de la révolte. S'il faut en croire les documents, ce fut justement le roi de Naples et des Deux Siciles qui fonda l'académie militaire de la Nunziatella où furent formés les plus fervents patriotes : Morelli, Silvati, Pisacane, De Sanctis. On dut donc le réveil politique de l'Italie à ce monarque éclairé ; mais un obscur spécimen de partisan de l'Autriche manœuvrait dans l'ombre : Mazzini, sur lequel on sait peu de choses, sinon qu'il organisait en permanence de faux complots qui, comme par hasard, se trouvaient régulièrement découverts et déjoués, si bien que les meilleurs et les plus généreux patriotes, sournoisement poussés par Mazzini, tombaient aux mains de l'Autrichien et étaient soit exécutés, soit emprisonnés. Le Risorgimento eut un autre terrible ennemi en la personne de Silvio Pellico : le lecteur qui parcourt les pages du petit livre où il fait le récit de sa détention dans une prison autrichienne a la nette impression qu'une œuvre de ce genre fut plus néfaste pour l'unification italienne qu'une bataille perdue. D'un côté, en effet, le perfide narrateur brosse un tableau suavement idyllique d'une prison morave, lieu de chastes loisirs : on y discute de la condition humaine avec d'affables geôliers ; on roucoule, ne fût-ce que platoniquement, avec des jeunes filles ; on apprivoise des insectes et on court avec joie subir des amputations, tant est grande la maestria des*

117

chirurgiens impériaux (maestria que les amputés récompensent, de curieuse façon, par des cadeaux sous forme de fleurs). D'un autre côté, Pellico donne, avec une subtile malice, une image si décevante du patriote italien, en le faisant paraître hostile à la violence et à la lutte, insensible, en définitive, à quelque passion que ce soit, bigot et timoré, que la lecture de ces pages aura sûrement détourné des légions de jeunes énergies du combat pour le réveil national (de même que, dans les terres d'Amérique du Nord, un petit ouvrage intitulé La Case de l'oncle Tom *parvint si bien à jeter le discrédit sur les esclaves noirs, en les montrant sots, naïfs, dépourvus de la moindre énergie que, de nos jours encore, son influence se fait sentir dans les États du Sud, qui sont désormais irréductiblement opposés à une race aussi abjecte). Les États du Piémont et de Sardaigne, apparemment indifférents aux problèmes de l'unification, se trouvaient dans une position singulière. On sait d'eux que l'armée piémontaise intervint précisément à Milan au cours d'une insurrection, mais réussit si bien à jeter la confusion qu'elle fit échouer la révolte et abandonna la ville ainsi que les insurgés aux mains des Autrichiens. Au demeurant, le premier ministre Cavour était le plus souvent occupé à servir les intérêts d'autres pays, d'abord en aidant les Français dans une guerre contre les Russes où le Piémont n'avait absolument rien à voir, puis en se donnant beaucoup de mal pour procurer à des monarques étrangers les faveurs de femmes de la noblesse piémontaise. Il n'apparaît pas que d'autres tentatives pour unifier l'Italie aient été faites, en dehors de celle du royaume de Naples — et c'est à cause de son implacable ambition que le Piémont chercha à dresser contre lui, d'après ce que rapportent certains textes, un aventurier uruguayen.*

Mais toutes ces manœuvres n'avaient qu'un but : couper les ailes à l'État de la péninsule italienne qui, plus encore que le royaume de Naples, travaillait inexorablement à unifier l'Italie, non pas sur le plan militaire mais sur celui de l'idéologie et de la pensée : je veux parler de l'État Pontifical. Mettant à profit l'œuvre d'hommes de foi et d'esprit, il s'employa inlassablement à replacer l'Italie sous une autorité unique. Ce fut une lutte âpre et passionnée, au cours de laquelle la papauté ne recula pas devant d'habiles subterfuges, comme celui consistant à attirer les bersagliers piémontais à Rome, dans le but de se procurer une puissante armée. Ce fut une lutte longue et obstinée, qui ne s'acheva définitivement qu'un siècle plus tard, le 18 avril 1948, lorsque toute la péninsule se trouva réunie sous le Signe de la Croix. »

Quand un chercheur débarque à Milan aujourd'hui, que voit-il de la situation barbare, mais politiquement organisée, que nous laissait entrevoir la ridicule étude historique du Dr Dobu ? Hélas, ce qu'il est amené à noter ne laisse place qu'à deux hypothèses : ou bien, au cours des cinquante dernières années, il s'est produit quelque phénomène de régression qui a fait que toute trace de l'organisation politique décrite par Dobu a disparu ; ou bien la communauté de Milan est restée à l'écart des grands bouleversements qui ont touché la péninsule italienne, et cela s'expliquerait par la nature éminemment coloniale et passive de ses habitants, inaptes à toute acculturation et condamnés à une frénétique mobilité sociale, qu'on rencontre du reste fréquemment dans de nombreuses communautés primitives.

2. *La « Pensée Sauvage » (essai d'enquête sur le terrain)*

La journée de l'indigène milanais se déroule selon les rythmes solaires élémentaires. Tôt le matin, il se lève pour se rendre aux tâches typiques de cette population : récolte d'acier dans les plantations, culture de profilés métalliques, tannage de matières plastiques, commerce d'engrais chimiques avec l'intérieur, semis de transistors, pacage de lambrettas, élevage d'alfaroméos, etc. L'indigène, cependant, n'aime pas son travail et fait tout son possible pour retarder le moment où il s'y mettra ; chose curieuse, les chefs du village semblent l'y aider, en éliminant, par exemple, les moyens de transport habituels, en arrachant les rails des tramways primitifs, en jetant la confusion dans la circulation par de larges bandes jaunes peintes le long des chemins muletiers (avec une évidente signification de tabou), et enfin en creusant des trous profonds aux endroits les plus inattendus, dans lesquels de nombreux indigènes tombent et sont probablement sacrifiés aux divinités locales. Il est difficile d'expliquer psychologiquement l'attitude des chefs du village, mais cette destruction rituelle des moyens de communication est liée sans nul doute aux rites de résurrection (on pense évidemment qu'en entassant une foule d'habitants dans les entrailles de la terre, il naîtra de leur immolation sous forme de semences des individus plus forts et plus robustes). Mais la population a immédiatement réagi par un net syndrome névrotique à cette attitude de leurs chefs, élaborant un culte né apparemment par génération spontanée, exemple caractéristique d'exaltation collective : le « culte du métropolitain » (*tube cult*). C'est-à-dire qu'à des époques déterminées, « Le Bruit » se propage à travers le village, et les indigènes sont possédés par la certitude quasi mystique qu'un jour, d'énormes véhicules circuleront dans les entrailles de la terre, transportant chaque individu à une vitesse prodigieuse à n'importe quel endroit du village. Le Dr Muapach, un membre tout à fait sérieux et compétent de mon expédition, est allé jusqu'à se demander, à un moment donné, si « Le Bruit » n'avait pas son origine dans quelque fait réel, et il est descendu dans ces cavernes. Mais il n'a rien trouvé qui puisse justifier, même de façon lointaine, cette rumeur.

La preuve que les chefs de la ville tiennent à maintenir la population dans un état d'incertitude nous est donnée par un rituel matinal : la lecture d'une sorte de message hiératique qu'ils font parvenir dès l'aube à leurs sujets, le « Corriere della Sera » : la nature hiératique du message est soulignée par le fait que les notions qu'il communique sont purement abstraites et dépourvues de tout rapport avec la réalité ; dans d'autres cas, le rapport, comme nous avons pu le vérifier, est apparent, si bien que l'indigène se voit proposer une sorte de contre-réalité, ou réalité idéale, dans laquelle il croit se mouvoir comme dans une forêt aux vivantes colonnes, autrement dit dans un monde éminemment symbolique et emblématique.

Constamment maintenu dans cet état d'égarement, l'indigène vit dans une tension perpétuelle que les chefs ne lui permettent de décharger que lors des festivités collectives, quand la population se déverse en troupeau dans des constructions immenses de forme ellipsoïdale, d'où proviennent sans interruption des clameurs épouvantables.

Nous avons vainement essayé d'entrer dans l'une de ces constructions. Usant d'une diplomatie primitive mais fort habile, les indigènes nous en ont toujours empêchés, exigeant que nous leur montrions, pour pouvoir entrer, des messages symboliques qui étaient apparemment en vente, mais pour lesquels on nous a demandé une telle quantité de dents de chien que nous n'aurions pu en acquitter le prix sans être obligés ensuite de renoncer à notre expédition. Contraints, par conséquent, à suivre la manifestation du dehors, nous avons d'abord émis l'hypothèse, suggérée par le vacarme hystérique, qu'il s'agissait de rites orgiaques ; mais, par la suite, l'horrible vérité s'est fait jour. Dans ces enceintes, les indigènes s'adonnent, avec le consentement des chefs, à des rites de cannibalisme, dévorant des êtres humains acquis auprès d'autres tribus. La nouvelle de ces acquisitions est même apportée dans les habituels messages hiératiques du matin, où on peut assister, jour après jour, à une véritable chronique des acquisitions gastronomiques. Il ressort de ces chroniques qu'on apprécie particulièrement les étrangers de couleur, ceux d'origine nordique et surtout les Latino-Américains. D'après ce que nous avons pu reconstituer, les individus sont dévorés par plats énormes composés de plusieurs individus, suivant des recettes compliquées qui sont publiquement exposées dans les rues, et où l'on peut lire une sorte de posologie non dépourvue de réminiscences alchimiques, du genre « 3 à 2 », « 4 à 0 », « 2 à 1 ». Pour preuve que le cannibalisme ne représente pas une simple prescription religieuse, mais un vice répandu, enraciné dans toute la population, il y a les sommes énormes que les indigènes paraissent dépenser pour l'acquisition des nourritures humaines.

Il semble cependant que, dans les classes les plus riches, ces banquets dominicaux suscitent une véritable terreur, de sorte que, au moment où la majeure partie de la population se rend aux réfectoires collectifs, les dissidents se lancent dans une fuite éperdue sur toutes les voies de sortie du village, se bousculant en désordre, se piétinant avec leurs véhicules, perdant la vie dans de sanglantes mêlées. On dirait que, pris d'une sorte de ménadisme, ils entrevoient la route de la mer comme unique moyen de salut.

Le bas niveau intellectuel des indigènes est attesté par le fait qu'ils ignorent manifestement que Milan ne se trouve pas au bord de la mer ; et leur faculté de mémorisation est si faible que, tous les dimanches matin, ils se livrent à leur habituelle fuite précipitée pour rentrer le soir même en troupeaux apeurés, cherchant refuge dans leurs cabanes, prêts à oublier leur folle équipée dès le lendemain.

Par ailleurs, depuis sa plus tendre enfance, le jeune autochtone est éduqué de façon que le désarroi et l'incertitude soient à la base de chacun de ses gestes. Typiques à cet égard, les « rites de passage » qui ont lieu dans des salles souterraines, où les jeunes gens sont initiés à une vie sexuelle dominée par un tabou inhibitif. Caractéristique, la danse qu'ils pratiquent : un jeune homme et une jeune fille sont placés l'un en face de l'autre, remuent les hanches et bougent d'avant en arrière leurs bras pliés à angle droit, toujours de manière que leurs corps ne se touchent pas. À travers ces danses transparaît déjà le désintérêt absolu et mutuel des deux partenaires, qui s'ignorent totalement l'un l'autre, à telle enseigne que lorsque l'un des danseurs se penche en prenant l'attitude habituelle de l'acte sexuel — et en en mimant les mouvements rythmiques —, l'autre bat en retraite, comme horrifié, et cherche à s'esquiver en se renversant parfois jusqu'à terre ; mais au moment où l'autre, qui est parvenu à le rejoindre, pourrait user de lui, il s'en éloigne brusquement et rétablit les distances. L'apparente asexualité de la danse (un véritable rite initiatique empreint d'idéaux d'abstinence totale) se complique toutefois de certains détails obscènes. En effet, le danseur mâle, au lieu de montrer normalement son membre nu et de le faire tournoyer au milieu des applaudissements de la foule (comme le ferait n'importe lequel de nos garçons participant à une fête sur l'île de Manus ou ailleurs), le tient soigneusement couvert (je laisse au lecteur le soin d'imaginer le sentiment de dégoût qu'éprouve le spectateur même le moins bégueule). Pareillement, la danseuse ne laisse jamais apercevoir ses seins, et, en les soustrayant à la vue de l'assistance, elle contribue manifestement à créer des désirs insatisfaits qui ne peuvent que provoquer des frustrations profondes.

Du reste, le principe de frustration comme constitutif du rapport pédagogique semble aussi mis en œuvre dans les réunions des anciens, où l'on célèbre apparemment un retour aux valeurs élémentaires de la morale naturelle :

une danseuse s'avance, lubriquement couverte de vêtements et se déshabille progressivement en exhibant ses membres, de sorte que l'observateur est porté à penser qu'on va assister à une résolution cathartique de l'émotion, qui devrait survenir quand la danseuse se montrera pudiquement nue. En réalité — sur ordre exprès des chefs, comme nous avons pu le vérifier —, la danseuse conserve au dernier moment quelques vêtements essentiels, ou bien feint de les enlever pour disparaître, à l'instant où elle fait mine de s'exécuter, dans l'obscurité qui envahit subitement la caverne. Tant et si bien que les indigènes sortent de ces lieux encore en proie à leurs troubles.

Mais la question que se pose le chercheur est la suivante : le désarroi et la frustration sont-ils l'effet d'un choix pédagogique délibéré, ou bien quelque cause plus fondamentale, liée à la nature même de l'habitat milanais, concourt-elle à cet état de choses, en influençant les décisions de chefs et des prêtres ? Terrible question, car, dans ce cas, on mettrait le doigt sur les sources profondes de la mentalité magique qui habite les autochtones, et l'on s'enfoncerait jusqu'aux origines obscures de la nuit spirituelle qui caractérise cette horde primitive.

3. *Le paradoxe de la porta Ludovica (essai de phénoménologie topologique)*

Pour expliquer tant l'état de désarroi et de passivité que la nature réfractaire à toute inculturation qui caractérisent ces indigènes, d'autres spécialistes ont déjà recouru à l'hypothèse qui avait été avancée à l'origine, sur le plan ethnologique, par madame Poa Kilipak : l'indigène milanais a confusément conscience de vivre dans un « espace magique » où les notions de devant-derrière-droite-gauche n'ont aucune valeur, et où, par conséquent, il est impossible d'envisager aucune orientation, aucune opération finalisée (ce qui aurait entraîné pour l'autochtone une atrophie des différentes fonctions cérébrales et un état de passivité désormais congénital). L'espace sur lequel est bâti Milan serait perçu par les indigènes (ou serait *réellement*, selon d'autres spécialistes, manifestement plus enclins à une reconnaissance effective des catégories magiques) comme un espace instable qui voue à l'échec tout calcul directionnel et place l'individu au centre de coordonnées qui varient continuellement — ce serait donc un espace *topologique*, pareil à celui sur lequel vivrait un microbe qui aurait élu domicile dans une boule de chewing-gum durant le laps de temps (qui équivaut pour lui à une « période historique », à une ère géologique) où elle est mastiquée par un être aux dimensions macroscopiques.

Le caractère de l'« espace milanais » est magistralement décrit par le professeur Moa dans son *Paradoxe de la porta Ludovica (ou de la triangulation ambiguë)*. Chaque individu, aussi bien un individu civilisé des îles Marquises qu'un sauvage européen — explique Moa — se déplace dans l'espace grâce à des « projets orientatifs » réalisés par *triangulations*. Ces triangulations reposent sur l'adoption des concepts euclidiens d'une géométrie plane qui prend pour paramètres les figures du carré, du triangle ou du cercle. Par exemple, un sauvage de Turin qui est habitué à atteindre en ligne droite le monument de Vittorio Emanuele, en partant de la porta Nuova et en parcourant le corso Vittorio Emanuele jusqu'à un point x, sait, par des triangulations appropriées, qu'il pourra atteindre le même point grâce à une « déviation en forme de carré » : c'est-à-dire qu'il pourra parcourir les côtés du carré « *porta Nova - via Sacchi (angle de quatre-vingt-dix degrés) - corso Stati Uniti (angle de quatre-vingt-dix degrés) - corso Re Umberto - corso Vittorio Emanuele jusqu'au point x* ».

De même, un indigène de Paris qui a accompli le parcours « *place de l'Étoile - place de la Bastille* » sait qu'il a touché deux points d'une circonférence en parcourant une corde de celle-ci ; mais qu'il pourra également atteindre l'Étoile en partant de la Bastille s'il parcourt la circonférence sur l'arc « *boulevard Richard-Lenoir - place de la République - boulevards Saint-Martin - Saint-Denis - Bonne Nouvelle - Poissonnière - Montmartre - Haussmann - et enfin l'avenue de Friedland jusqu'à l'Étoile* ».

Il en va autrement avec le paradoxe de la porta Ludovica. Écoutons ce que nous dit Moa :

« *Soit un indigène milanais parvenu à un niveau de capacité d'abstraction tel qu'il a conçu l'hypothèse la plus simple concernant son propre habitat, c'est-à-dire celle selon laquelle Milan aurait une structure circulaire en spirale. Naturellement, aucun indigène milanais ne pourrait arriver à un tel degré de capacité opérationnelle, précisément parce que l'espace topologique dans lequel il vit le rend inapte à la conception de tout schéma stable. Toutefois, cette hypothèse admise, notre sujet se représenterait la structure de Milan à peu de choses près comme la surface d'un tableau de Hundertwasser. Supposons donc que le sujet a fait dans le passé l'expérience suivante (l'hypothèse selon laquelle il aurait réussi, une fois l'expérience faite, à la mémoriser et à en déduire un schéma prévisionnel, reste elle aussi purement théorique) : il a appris qu'il pouvait atteindre la porta Ludovica de la piazza del Duomo en prenant la ligne droite « via Mazzini-corso Italia » ; puis il a appris qu'il pouvait atteindre piazza General Cantore (porta Genova) de la piazza del Duomo en prenant la ligne droite via Torino-Carrobbio-via Correnti-corso di porta Genova ; avançant l'hypothèse que les deux axes constituent les rayons d'une circonférence dont la piazza del Duomo serait le centre, il a expérimenté le raccord « piazza General Cantore-porta Ludovica » par l'arc de cercle*

« *viale d'Annunzio-porta Ticinese-via Giangaleazzo* ». *Sa prévision a été couronnée de succès. Il en a donc imprudemment déduit une règle générale, comme si l'espace sur lequel il se déplace était stable et immuable, et il a tenté une nouvelle opération : après avoir découvert l'autre axe* « *piazza del Duomo-via Correnti-via San Vincenzo-via Solari-piazza Napoli* », *il l'a interprété lui aussi comme un rayon de la circonférence et a projeté de relier la piazza Napoli à la porta Ludovica en prenant l'arc de cercle. Il sait que le troisième rayon parcouru est plus long que les deux précédents, et il sait donc que la circonférence sur laquelle se trouve la piazza Napoli est extérieure par rapport à celle sur laquelle se trouve la piazza Ludovica. Aussi décide-t-il de corriger quelque part son trajet sur l'arc en déviant vers le centre. Il commence donc à parcourir l'arc de cercle en prenant la via Troya, le viale Cassala, le viale Liguria, la via Tibaldi, le viale Toscana, la via Isonzo (il oblique un peu vers le centre), le viale Umbria, le viale Piceno, la via dei Mille, le viale Abruzzi : arrivé au piazzale Loreto, il oblique à nouveau vers le centre (il sait qu'autrement, il finirait à Monza), il parcourt le viale Brianza, le viale Lunigiana, le viale Marche, la via Jenner, oblique encore vers le centre, sans cesser d'ajuster son tir, passe par la via Caracciolo, la piazza Firenze, le viale Teodorico, le piazzale Lotto. Arrivé là, craignant de ne pas avoir suffisamment atteint les volutes internes de la spirale, il oblique encore vers le centre par la via Migliara, la via Murillo et la via Ranzoni, la via Bezzi, la via Misurata. Il se retrouve alors piazza Napoli, après avoir fait le tour de Milan. Les expériences ont démontré qu'à partir de ce moment, le sujet perd toute capacité de faire des prévisions. Il a beau corriger la déviation vers le centre en réduisant le parcours sur l'arc de cercle apparent, il se retrouvera porta Ticinese, piazza Medaglia d'Oro, mais jamais porta Ludovica. Cela laisse supposer que la porta*

Ludovica n'existe pas pour celui qui fait la triangulation de l'espace milanais en partant de la piazza Napoli. *En effet, tout projet directionnel sera dès lors inévitablement voué à l'échec et les tentatives d'orientation chercheront à s'exercer en dehors d'une schématisation préliminaire de l'espace milanais. Mais, en réalité, il sera impossible au sujet d'éviter de recourir spontanément à des références euclidiennes, en se disant par exemple : « Si je fais trois pas à gauche, trois pas en avant et trois pas à droite, je me retrouve trois pas en avant sur la ligne droite tracée à partir du point de départ. » Généralement, le sujet, à la suite d'un calcul de ce genre, se retrouve presque invariablement dans la zone de Monforte, qu'on peut désigner comme lieu géométrique de toutes les destinations possibles. L'espace milanais s'allonge et se contracte comme un élastique et les contractions sont influencées par les mouvements que le sujet y projette, de sorte qu'il lui est impossible de les prévoir comme bases du projet lui-même. »*

Comme les spécialistes le savent, Moa essaya ensuite de démontrer le second paradoxe de la porta Ludovica, en avançant l'hypothèse selon laquelle il était impossible, si l'on prenait la porta Ludovica comme point de départ, de découvrir la zone de Monforte (voyant une exception au postulat qui fait de cette zone le lieu géométrique de toutes les destinations possibles). Mais on ignore si sa recherche a abouti, car le corps de Moa n'a jamais été retrouvé — bien que se soit répandue parmi les autochtones la légende suivant laquelle son esprit inapaisé rôde depuis des temps immémoriaux sur la piazza Napoli, dont il n'a plus été capable de s'éloigner, une fois qu'il y fut parvenu. S'il en était bien ainsi, il reviendrait à Moa d'avoir démontré l'irréversibilité du paradoxe de la porta Ludovica ; mais l'hypothèse la plus terrifiante est que l'esprit de Moa errerait désespérément autour de la piazza Napoli à la recherche de son corps, qui se trouverait sans sépulture sur la piazza Tricolore, dans la zone de Monforte.

Naturellement, l'hypothèse topologique de Moa a paru insatisfaisante aux philosophes, qui ont tenté de fonder l'ambiguïté spatiale de Milan sur une structure déterminée de l'existence.

C'est ainsi que les recherches topologiques de Moa ont été à l'origine de la *Mailandanalyse* de Karl Opomat, un savant des îles de l'Amirauté qui s'est formé à ce genre de recherches du temps où ce pays accueillit sur son territoire, pour des stages d'acculturation, de nombreux « colonisés » allemands. Opomat écrit :

« *L'être-là-à-Milan se présente comme un être-pour-la-porta-Ludovica dans le monde factice de l'assouvissabilité. L'en-quoi l'être-à-Milan se comprend préliminairement dans le mode du se différer ; c'est le ce-quant-à-quoi du préliminaire laisser venir à la rencontre de la porta Ludovica. L'en-quoi de la compréhension s'autodifférant comme ce-quant-à-quoi du laisser venir à la rencontre de la porta Ludovica dans le mode d'être de l'assouvissabilité, est le phénomène de l'être-à-Milan. Mais, dans la milanité même de Milan en général (« Mailandlichkeit von Mailand überhaupt »), l'être-à-Milan doit être clairement posé en tant que Préoccupation (« Sorge »), et le se-préoccuper est un se-préoccuper de la porta Ludovica selon les trois extasis de la temporalité, de façon, cependant, que l'être-pour-la-porta-Ludovica ne puisse pas ne pas être un être-pour-Monforte.* »

La vision tragique d'Opomat devait s'atténuer dans ses études ultérieures (cf. la notion de piazza Napoli comme « dévoilement »), mais il n'a jamais pu échapper à une forte tonalité négative.

En revanche, la pénétrante phénoménologie d'un autre penseur, le regretté Manoi Cholai, est plus en accord avec la situation temporelle mise en lumière par Moa. Dans les manuscrits inédits de Cholai, nous découvrons une vertigineuse analyse de l'état de désarroi où se touve celui qui est plongé dans la « fluence » de la situation spatiale de Milan :

« *Son être maintenant (de Milan) est toujours dans le jaillissement originel et dans l'expansion (*Urquelle *et* Verquelle*), et de telle façon que l'expansion équivaut à une constante modification, qui rend le véritable présent (*Urpräsent*) non plus originellement présent, qui le transforme en à-peine-état, auquel toutefois s'ajoute continuellement un nouveau présent originel (zone Monforte) qui est jaillissant et qui s'épand à son tour, et auquel il s'en ajoute un nouveau dans le mode du maintenant originellement jaillissant, et ainsi de suite. On a à Milan une distanciation (*Auseinandersein*) qui est aussi une succession (*Nacheinander*), dans le sens d'une distanciation des points dans le temps. Dans le mouvement de la porta Ludovica à la piazza Napoli, sont simultanément présents le maintenant et la continuité des déjà-été (*Gewesenheiten*), l'horizon de la permanence (*Behalten*) et du futur (*des Zukommendes*). Là, nous sommes placés tout d'abord devant la médiateté de l'implication intentionnelle, par rapport à la modification rétentionnelle. À partir du point de jaillissement (la porta Ludovica) irradie une conscience successive du déjà-été-peu-avant, du déjà-été immédiat auquel s'ajoute une phase de conscience du peu-avant de n'importe quel peu-avant, et nous avons ainsi un continuel « de de de de ». L'écoulement rétentionnel est caractérisé en lui-même comme continuel être-déjà-écoulé, où le déjà-écoulé, à chacun des stades, est caractérisé comme déjà-écoulé d'un écoulement et comme médiatement déjà écoulé, etc.* »

Mais il est clair que le tour plus compliqué que prennent ces analyses, au demeurant fort respectables, ne nous aide pas à aller bien au-delà de ce qui avait été déjà acquis par Moa, à savoir que l'arriération mentale de l'indigène milanais est due à l'action perturbatrice que provoque l'ambiguïté de la situation spatiale sur les centres nerveux (en influençant directement le labyrinthe, à en croire certains représentants du vieux positivisme — qui, entre autres choses, ont tendance à parler d'effet non seulement sur les trompes d'Eustache, mais encore sur les trompes de Fallope, pour les femmes indigènes qui vadrouillent la nuit sur les boulevards circulaires de la ville).

Qu'il nous soit permis, toutefois, de récuser à la fois l'analyse philosophique et l'explication scientifico-mathématique, pour en revenir à une considération d'ordre historique qui s'appuie néanmoins sur des recherches anthropologiques concrètes que nous avons menées (cf. les annexes 671-1346).

La structure primitive des rites de passage et des pratiques religieuses, la tendance à la passivité coloniale, l'immobilisme social et l'incapacité d'évoluer ne se justifient pas seulement à partir de subtiles dissertations sur la structure spatiale, mais doivent être éclairés par de profonds mouvements économiques et sociaux.

Or, en comparant la situation présente de la péninsule à celle décrite dans les documents historiques des indigènes qui remontent à environ un millier d'années, nous avons cru bon de hasarder, ne fût-ce qu'à titre d'hypothèse de travail, l'explication suivante comme étant la plus probable.

4. *Église et Industrie (essai d'interprétation historico-socio-économique)*

La péninsule italienne est aujourd'hui le théâtre de ce que les aborigènes pourraient appeler une « querelle des investitures ». La scène sociale et politique est dominée par deux puissances également fortes qui se disputent le contrôle des territoires de la péninsule et de ses habitants :

l'Industrie et l'Église. L'Église, d'après ce qui ressort des témoignages recueillis sur place, est une puissance laïque et temporelle, aspirant à la domination terrestre, à l'acquisition de terrains à bâtir, au contrôle du pouvoir politique, alors que l'Industrie est une puissance spirituelle visant à la domination des âmes, à la diffusion d'une conscience mystique et d'un mode de vie ascétique.

Durant notre séjour dans la péninsule italienne, nous avons suivi quelques unes des manifestations typiques de l'Église, celles que l'on appelle « processions » ou « précessions » (manifestement liées à des cérémonies équinoxiales), qui représentent de véritables déploiements de pompe et de puissance militaire. On y voit en effet des compagnies de gardes, des cordons de police, des généraux d'infanterie, des colonels d'aviation. Autre exemple : lors de ce que l'on nomme les « cérémonies pascales », on assiste à de pures parades militaires, où d'entières divisions blindées vont rendre à l'Église l'hommage symbolique qu'elle prétend recevoir de l'armée. Comparé à l'organisation militaire de cette puissance temporelle, le spectacle qu'offre l'Industrie est bien différent.

Ses fidèles vivent dans des sortes de sombres couvents où des fourbis mécaniques contribuent à rendre l'habitat encore plus minable et plus déshumanisé. Même quand ces couvents sont construits selon des critères d'ordre et de symétrie, il y prédomine une rigueur de type cistercien ; quant à leurs familles, elles vivent retirées dans de petites cellules d'énormes monastères qui couvrent souvent des surfaces d'une dimension impressionnante. L'esprit de pénitence habite tous les membres, spécialement les chefs, qui vivent dans une pauvreté presque totale (j'ai pu moi-même contrôler l'état de leur patrimoine, qu'on leur fait déclarer publiquement dans un but de contrition), et ils se réunissent généralement en d'interminables et ascétiques retraites (que l'on appelle « conseils »), au cours desquelles ces hommes en gris, aux visages amaigris et aux yeux creusés par de longs jeûnes, restent des heures durant à discuter de problèmes éthérés concernant la fin mystique de la société, la « production » d'objets, considérée comme une sorte de continuation perpétuelle de la création divine.

Hostiles aux richesses, il semblent avoir de l'aversion pour tout symbole de bien-être, et dès qu'ils ont un bijou, une pierre précieuse, une fourrure de valeur, ils s'en débarrassent en les offrant aux jeunes filles qui font office de vestales dans le pronaos qui précède leur sanctuaire hiératique (ces jeunes filles sont généralement occupées à une pratique rituelle proche de celles des moines tibétains faisant tourner leurs moulins à prières, et tapent en permanence sur les touches d'un instrument qui compose inlassablement de mystérieuses invocations à la divinité et des incitations à l'ascèse « productrice »).

La mystique de la production a par ailleurs un rigoureux fondement théologique, et nous avons réussi à reconstituer une doctrine de la *circulation des mérites*, au nom de laquelle l'action vertueuse de chaque membre de la caste sacerdotale peut être utilisée, grâce à un pouvoir surnaturel, par un autre membre : dans certains temples, on assiste à des transferts continuels de ces « mérites » ou « titres », lors de certaines manifestations de fanatisme religieux, où l'on voit une foule de prêtres se précipiter pour offrir leurs « mérites », en dépréciant leur valeur, comme pour en faire don, avec insistance, aux autres, dans un crescendo impressionnant de la tension ambiante, qui confine à la crise d'hystérie.

Il est clair pour le chercheur que la puissance qui a eu le dessus dans le village de Milan, c'est l'Industrie : en conséquence, la population vit perpétuellement dans cet état de fièvre mystique qui provoque précisément le désarroi et l'acceptation tacite des décisions des prêtres. À la lumière de cette interprétation, l'hypothèse d'un espace magique prend un sens, espace qui n'est pas du tout une donnée métaphysique, mais la forme concrète qui est constamment imposée à l'habitat milanais par les détenteurs du pouvoir religieux pour maintenir les fidèles dans cette condition de détachement de toute valeur terrestre. C'est également ainsi que prennent un sens les rites de passage, la pédagogie de la frustration, le cannibalisme dominical et la fuite chamanique vers la mer (qui n'apparaît donc que comme une sorte de représentation sacrée, une fiction collective dont chacun est à la fois conscient et victime, tout le monde restant persuadé dans son for intérieur que la solution n'est pas dans la fuite, mais dans l'acceptation totale et fervente du pouvoir mystique de la production).

Mais, pour le moment, il serait erroné de considérer l'Industrie comme une puissance qui règne en toute tranquillité sur les indigènes et leur territoire. La péninsule italienne, qui a été le théâtre de tant d'événements orageux (dont Dobu a donné une image malheureusement mythologique), constitue une terre toujours ouverte à l'invasion de populations barbares, à l'immigration de hordes méridionales qui se déversent sur un village et le dévastent en altérant sa structure spatiale, en campant à ses abords immédiats, en se barricadant dans les édifices publics et en paralysant toute activité administrative : face à cette pression de peuplades étrangères, à l'action corruptrice de l'Église, qui tente de détourner les âmes des indigènes en encourageant chez eux des rêves de modernité mal comprise (dont le symbole nous est fourni par le jeu rituel du ping-pong et par la compétition électorale, forme de sport sanguinaire et débilitant auquel participent jusqu'à de vieilles femmes paralytiques), l'Industrie se pose comme le dernier rempart assurant la conservation de l'antique civilisation des origines. Il n'appartient pas à l'anthropologue de décider si cette conservation est un facteur positif : il convient seulement de noter le rôle de l'Industrie, qui a érigé à cette fin de blancs monastères où des dizaines et des dizaines de moines, enfermés dans leurs cellules et leurs réfectoires (les « studia » ou « officia studiorum »), dessinent en silence, dans leur retraite d'une propreté et d'une netteté inhumaines, les plans des parfaites constructions destinées aux communautés à venir, à l'abri des invasions, du bruit et de la fureur. Ce sont des hommes silencieux et réservés, qui ne se montrent que rarement sur la scène des activités publiques, prêchant d'obscures et prophétiques croisades, accusant ceux qui vivent dans le monde d'être « des esclaves du néocapitalisme » (expression sibylline appartenant au jargon mystique de ces illuminés). Mais une fois accomplie leur mission de témoins, ils retournent pieusement dans leurs couvents, consignant leurs espérances sur des palimpsestes défraîchis, à l'abri derrière le rempart de la puissance mystique qui les gouverne, eux et leur village, et qui s'offre au savant comme l'unique clef permettant d'en comprendre l'inquiétant et sauvage mystère.

OÙ ALLONS-NOUS FINIR ?

Héraclite déposa le livre en offrande sur l'autel d'Artémis, après l'avoir écrit en termes obscurs à dessein, dit-on, afin que seuls des gens capables pussent le lire, et qu'il ne devînt pas méprisable pour avoir été vulgarisé. (...) La tradition conserve de nombreuses épigrammes à son sujet. En voici une :

« *Je suis Héraclite. Pourquoi me torturez-vous, sots ?*
Ce n'est point pour vous que j'ai pris peine, mais pour
            [des gens capables de me comprendre.
Un seul homme me plaît mieux que mille ; les innom-
            [brables
Sont zéro. Voilà ce que je dis, même chez Perséphone. »[1]

Mais Héraclite a disparu et son livre a été ouvert à tous les singes savants qui désirent l'aborder pour l'avoir vu mentionné dans des articles ou des notes en bas de page. Et ses disciples sont plus instruits que lui. Ce qui signifie que la foule l'a emporté sur Héraclite et que nous assistons aujourd'hui, attristés, au triomphe de l'homme-masse. Si votre âme ne s'est pas encore desséchée, il suffit de

---

1. Diogène Laërce, *Vies et sentences des philosophes les plus illustres.* IX, 1-17. Trad. Robert Genaille.

parcourir l'agora un jour quelconque ; si l'angoisse ne vous prend pas aussitôt à la gorge (mais cette précieuse faculté est-elle encore donnée à quelqu'un ?) et si vous ne vous associez pas, victime du mimétisme mondain, aux badauds qui entourent le dernier philosopheur de passage sur cette place, vous pourrez voir ceux qui furent jadis les hommes de la Grèce, maintenant robots parfaits et satisfaits, se presser au milieu des odeurs et des cris, se mêler aux manants de l'Attique qui poussent devant eux leurs moutons, aux courtiers en thons du Pont-Euxin, aux pêcheurs venus du Pirée, aux *emporoi* [1] et à la foule vociférante des *kapèloi* [2], des vendeurs de saucisses, de laine, de fruits, de miel, de porcs, d'oiseaux, de fromages, de friandises, d'épices, de purgatifs, de myrrhe et d'encens, de cimiers, de figues, d'ail, de volailles, de livres, de bandelettes sacrées, d'aiguilles et de charbon — comme se plaisent parfois à énumérer les auteurs de comédies. Et parmi eux, vous verrez circuler inspecteurs des services publics, changeurs de monnaies, contôleurs des poids et mesures, copistes de poèmes, marchandes de guirlandes, devant les échoppes et les éventaires des tailleurs, luthiers, parfumeurs, vendeurs d'éponges et de murex, sur les marchés aux esclaves ; et près des hermès, vous verrez, à leur comptoir, la mercière et la blanchisseuse, la boulangère et la marchande de petits pois, le cordonnier et l'entremetteur...

C'est ainsi que vous sera dessinée la carte de l'homme-masse, du citoyen de l'Athènes démocratique, satisfait de son goût médiocre, de son amour philistin pour la conversation, de l'alibi philosophique que l'Académie et le Péripatos lui offrent obligeamment, du bruit dans lequel il s'enveloppe comme une huître, de la « distraction » qu'il a élevée au rang de valeur religieuse. Regardez-les tandis

1. grossistes. N.D.T.
2. détaillants. N.D.T.

qu'il se pressent autour du dernier char en forme de cloporte qu'Alcibiade a mis en circulation, ou qu'ils courent, suants et vociférants, au devant du dernier messager arrivé d'on ne sait où. Car, parmi les premières qualités de l'homme-masse, il y a le désir de savoir, le besoin d'être informé. Au rebours de la réserve d'Héraclite, qui savait la sagesse un bien trop précieux pour être mis à la disposition de tout le monde, un Aristote affirmerait aujourd'hui que « tous les hommes désirent naturellement savoir ; ce qui le montre, c'est le plaisir causé par les sensations, car, en dehors même de leur utilité, elles nous plaisent par elles-mêmes, et, plus que toutes les autres, les sensations visuelles[1] ». Et que pourrait-on ajouter d'autre, comme contribution à l'anthropologie négative de l'homme-masse, que cette théorisation du besoin de percevoir, sans aucune discrimination, de la rage de voir, et de voir correctement, agréablement, et même de loin (télévoir, donc), comme nous le suggèrent métopes et frontons, où les statues sont traitées avec une altération des proportions réelles, de manière qu'elles ne peuvent apparaître « vraisemblables » qu'à celui qui les regarde d'en bas, flattant ainsi, dans l'homme-masse, la paresse et le besoin d'une vision préfabriquée qui lui évite d'interpréter les données du réel[2] ?

C'était en vain que notre Montalidès[3] tonnait naguère contre cette course à l'information qui fait qu'on a l'impression que le disque de notre terre se trouve entouré d'« une sphère de psychisme en continuelle augmentation d'épaisseur », car « une chape de plus en plus dense d'informations et d'images projetées à distance recouvre le monde que nous habitons[4] ». L'homme-masse athénien

---

1. Aristote, *Métaphysique*, I, I, 980a.
2. Voir également ce que dit Platon avec désinvolture dans *Le Sophiste*, 235-236.
3. Eugenio Montale (1896-1980), célèbre poète italien. N.D.T.
4. *Cf. :* Λά φονδοῦτα ψιχίκα in « Κορρίερε δέλλα Σέρα », 24-3-1963.

ne se rend déjà plus compte de cette hallucinante « fondue psychique » ; et il n'en serait pas capable, puisqu'on ne se préoccupe, à l'école, que d'« informer » l'enfant, n'hésitant pas à le corrompre par la lecture de poètes contemporains, comme nous l'apprend (mais avec la mauvaise foi satisfaite et suffisante du gazetier complice) ce Platon, justement admiré de la foule, quand il dit que « le maître, de son côté, y donne tous ses soins, et quand les enfants, sachant leurs lettres, sont en état de comprendre les paroles écrites, (...) il fait lire à la classe, rangée sur les bancs, les vers des grands poètes et lui fait apprendre par cœur ces œuvres, (...) afin que l'enfant, pris d'émulation, les imite et cherche à se rendre pareil à eux[1] ». Que faire ? Écrire une lettre à l'ineffable président de l'Académie ? L'industrie culturelle est trop sûre de ses procédés pour écouter la voix de la sagesse (et puis n'est-elle pas passée de mode ?). Nous assisterons donc à la croissance de ces écoliers qui, sur la trentaine, iront nuitamment mutiler les hermès, comme l'a fait un jeune intellectuel de notre connaissance. Des mains de tous ces maîtres, nous ne nous attendrons pas à voir sortir des disciples meilleurs ; la production intensive d'un homme-masse est en train de porter ses fruits.

Par ailleurs, n'avons-nous pas fait la théorie de son besoin de se retrouver avec les autres, oublieux des joies de la solitude silencieuse ? Telle est désormais l'essence de ce qu'on appelle la démocratie, dont le commandement semble être : tiens-t'en à ce que font les autres et suit la loi du plus grand nombre ; n'importe qui est digne d'une charge quelconque pourvu que n'importe quelles personnes se réunissent en nombre suffisant pour l'élire ; et pour les charges qui ne sont pas trop importantes, qu'on s'en remette au sort, puisque le hasard est la logique de

1. Platon, *Protagoras*, 325e-326a. Trad. Alfred Croiset et Louis Bodin.

l'homme-masse. « Les villes doivent être, en vérité, composées d'éléments les plus égaux entre eux et les plus homogènes possible : ce qui se rencontre surtout dans la classe moyenne.(...) C'est pourquoi Phocylide avait raison d'exprimer ce vœu : la meilleure condition est la condition moyenne, et c'est la place que je veux dans la cité[1]. » Ainsi parle Aristote, auquel, *vox clamantis in deserto*, Ortegaygassétos répondait en vain en dénonçant le fait que « depuis le milieu du siècle dernier, on note en Europe une extériorisation progressive de la vie. (...) L'existence privée, cachée et solitaire, fermée au public, à la foule, aux autres, devient de plus en plus difficile. (...) La rue a pris une voix de stentor[2]. » Nous, nous dirons : l'agora a pris une voix de stentor, mais l'agora est l'idéologie de l'homme-masse, elle est ce qu'il a voulu et ce qu'il a mérité. Que Platon s'y promène et qu'il y dialogue avec ses clients, cela est on ne peut plus légitime : c'est son royaume et l'homme-masse ne peut vivre seul, s'il a besoin de savoir tout ce qui se passe et de le commenter.

Et maintenant, il peut tout savoir. Voyez ce qui est arrivé aux Thermopyles. Moins d'une journée après l'événement, vous aviez déjà le messager qui vous apportait la nouvelle et quelqu'un avait même eu l'idée de la formuler sous la forme la plus simple, réduite à un slogan publicitaire : « Nos flèches obscurciront le soleil. Très bien, nous combattrons à l'ombre ! » L'écho bavard nommé Hérodote avait accompli sa mission auprès du tyran, la foule aux mille oreilles.

Ne semblent-ils pas à leur juste place, par conséquent, les prétendus historiens qui ne sont autres que les chroniqueurs assidus du présent ? Responsable efficace du service *public relations* de Périclès, Hérodote ne trouve rien de mieux à faire que d'écrire sur les guerres médiques (donc, sur un

1. Aristote, *Politique*, IV, 9, 1925b.
2. Σοχιαλιζαχίον δἑλ῭Ομὁϱε in « ῭Ελ῭Εϖεχτάδοϱ », 8.1930.

140

pur et simple fait divers — et il serait impossible, à présent, d'imaginer un Homère qui ait ce don de voyance poétique lui permettant de parler de quelque chose qu'il n'a ni vu ni entendu, et de le porter à la dimension d'une légende). Il suffit à Hérodote de lire trois ou quatre logographes ioniens pour se figurer tout savoir. Et il parle de tout.

Comme si cela n'était pas assez, voilà qu'il engendre plus savant et plus aride que lui : Thucydide, lequel, après la piètre figure qu'il a faite lors de la chute d'Amphipolis (qu'il ne réussit pas à empêcher), ruiné dans sa carrière d'homme de guerre et d'homme politique, décide de faire une croix sur ses mésaventures dans la guerre du Péloponnèse et se refait une virginité comme mémorialiste, acceptant de raconter les événements *au fur et à mesure qu'ils se produisent*.

Aurions-nous donc touché le fond avec ce journalisme à la petite semaine ? Non, car, après lui, nous aurons en Xénophon le maître d'un art qui sait faire passer pour élément historique jusqu'à la note de la blanchisseuse ou les pleurnicheries pour un banal bobo (le propre de l'industrie culturelle est la vulgarité, l'insistance sur le détail lourd mais actuel : traverse-t-on une rivière ? cela donnera : « Ils s'enfonçaient dans l'eau jusqu'au nombril » ; a-t-on mangé une nourriture avariée ? on aura : « Cela leur coulait par derrière[1] »). Mais chez Thucydide, vous avez davantage ; et c'est le désir fort commun de faire de la littérature. Pour postuler aux prix littéraires dont l'industrie culturelle récompense ceux qui savent suivre la mode, Thucydide n'hésitera pas à introduire dans sa prose des beautés objectivistes en singeant le nouveau roman : « Au contact externe, le corps n'était pas excessivement chaud ni non plus jaune ; il était seulement un peu rouge, d'aspect plombé, semé de petites phlyctènes et

1. Xénophon, *Anabase, passim.*

141

d'ulcérations.[1] » Le sujet ? Une épidémie de peste à Athènes.

Ainsi, la mesure de l'homme étant réduite au style objectif, avant-garde terroriste et chronique de l'instant marquent le triomphe de la nouvelle littérature. À l'angoissé Karlobos[2], qui se lamente de ne plus pouvoir comprendre le langage des nouvelles générations, quiconque a encore une étincelle d'humanité devra répondre : il n'y a plus rien à comprendre, et l'homme-masse ne le veut pas. L'éclipse de l'homme attique a atteint son point extrême.

Mais, s'il y a un déclin de l'Occident, l'homme-masse ne s'en inquiète pas : ne vit-il pas dans le meilleur des mondes possibles ? Relisez le discours que Périclès adresse à une foule d'Athéniens satisfaits et enthousiastes : l'homme attique vit dans une société de méritocratie, où la dialectique de classe est considérée avec optimisme (« ... inversement, la pauvreté n'a pas pour effet qu'un homme, pourtant capable de rendre service à l'État, en soit empêché par l'obscurité de sa situation »), et ainsi, le critère de discrimination en vertu duquel l'*aristos* était ce qu'il était, s'évanouit dans l'ivresse du nivellement. L'homme attique est heureux de vivre comme visage anonyme perdu dans la foule, individu à la chlamyde incolore, esclave du conformisme des comportements (« ... la crainte nous retient avant tout de rien faire d'illégal, car nous prêtons attention aux magistrats qui se succèdent et aux lois — surtout à celles qui (...) comportent pour sanction une honte indiscutée. »). L'homme attique vit heureux comme représentant d'une *leisure class* (« ... pour remède à nos fatigues, nous avons assuré à l'esprit les délassements les plus nombreux : nous avons des concours et des fêtes religieuses qui se succèdent toute l'année, et aussi, chez nous, des installations luxueuses, dont l'agrément quotidien

1. Thucydide, *La guerre du Péloponnèse*, II, 49. Trad. Jacqueline de Romilly.
2. Carlo Bò, célèbre essayiste contemporain. N.D.T.

chasse au loin la contrariété. »). Signe, par conséquent, que l'homme attique est le membre d'une société du bien-être, une société de prospérité et d'abondance (« Nous voyons arriver chez nous, grâce à l'importance de notre cité, tous les produits de toute la terre, et les biens fournis par notre pays ne sont pas plus à nous, pour en jouir, que ne sont ceux du reste du monde[1] »).

Tirerons-nous l'homme attique, massifié dans sa béate satisfaction, de sa torpeur ? Non, car ces jeux que mentionne Périclès font tout pour l'y maintenir. Inutile de parler des foules qui se pressent au jeux d'Olympie et discutent de la dernière borne à franchir comme si c'était leur âme qui était en jeu ; il suffit de rappeler que l'on compte maintenant les années d'après les olympiades ! La vie paraît suspendue aux exploits d'un vainqueur dans le lancer d'un bout de bois ou de quelqu'un qui a été capable de parcourir dix tours de piste. On mesure l'*arétè* d'après le résultat du pentathlon. On chargera un poète de composer des vers en l'honneur de ces « virtuoses », et la couronne qu'ils recevront tournera au profit de leur cité, qui s'en glorifiera.

Les paroles de Périclès nous ont vraiment donné l'image d'une civilisation dans laquelle *tout est très beau*. Pourvu qu'on ait renoncé à sa propre humanité. Comme le rappelait Montalidès, « la communauté humaine universelle serait un agrégat d'agrégats cellulaires, un banc de madrépores où chaque individu vivrait encastré et catalogué non pas d'après son âme mais en fonction de ses possibilités de production ou de sa plus ou moins grande aptitude à s'intégrer dans le schéma de planification générale[2] ». C'est en vain que nous nous tournons vers la solitude et l'isolement du pharaon comme vers un bien perdu ;

1. Thucydide, *La guerre du Péloponnèse*, II, 37-38. Trad. Jacqueline de Romilly.
2. Μαδϱέποϱε οὐμάνε in « Κοϱϱίεϱε δέλλα Σέϱα », 14-4-1963.

l'homme attique n'en ressent pas la nostalgie parce qu'il n'en a pas goûté la saveur : sur les gradins d'Olympie, il célèbre, sans le savoir, sa mélancolique apocalypse. Du reste, ce n'est pas de lui qu'on attend la décision. L'industrie culturelle lui a maintenant fourni les contorsions quasi électroniques de la Pythie de Delphes qui, par les accès épileptiques de son twist, lui prodigue ses conseils sur ce qu'il convient de faire. Par des bouts de phrases délibérément incompréhensibles, où le langage a régressé dans l'irrationnel, à l'usage des foules béates et démocratiques.

Autrefois, on pouvait demander à la culture une parole de salut ; aujourd'hui, la culture semble ne plus être en mesure d'apporter le salut, car elle s'est réduite au jeu de la parole. L'homme attique est pris par la rage du débat public, comme s'il était besoin de discuter chaque problème et de rechercher le consensus des autres. Mais la sophistique a réduit la vérité au consensus public, et la discussion générale apparaît comme l'ultime alibi de cette masse de parleurs. Nous voudrions souligner les amères réflexions de Bocas [1] qui reproduisait avec esprit quelques propos échangés avant cette funeste course au débat : « Allo, vous seriez d'accord pour venir demain sur l'agora pour un débat sur la vérité ? » « Non, mais je vous conseillerais Gorgias, qui est très bon, même pour un éloge d'Hélène. Ou pourquoi n'essayez-vous pas Protagoras ? Sa théorie sur l'homme mesure de toutes choses est très à la mode, vous savez ? » Mais la croisade de Bocas contre le débat est destinée à rester sans écho, et notre polémiste s'évertue en vain à en saper la pernicieuse idéologie par une série de débats publics passionnés, devant une masse amorphe et gangrenée.

1. Giorgio Bocca, essayiste contemporain. N.D.T.

L'industrie culturelle offrira aussi à l'homme-masse athénien, au cas où le débat public ne le satisferait pas pleinement, une sagesse plus péremptoire, mais diluée en aimables *digests*, comme son palais l'exige. L'orfèvre en la matière est ce Platon dont nous avons déjà parlé, fort habile à donner aux vérités les plus ardues de la philosophie ancienne la forme la plus comestible, celle du dialogue. Il n'hésite pas à traduire les concepts en paraboles plaisantes et faciles à retenir (le cheval blanc et le cheval noir, les ombres dans la caverne, et ainsi de suite), suivant les impératifs de la culture de masse, où ce qui était enfoui dans les profondeurs (et qu'Héraclite se gardait bien de livrer au grand jour) est porté à la surface à condition d'être mis à plat et ramené au niveau de l'intelligence la plus paresseuse.

Comble de l'infamie, Platon a l'audace de faire débattre du sublime problème de l'Un et des Multiples par des interlocuteurs qui se retirent dans l'atelier d'un maréchal-ferrant (incapables qu'ils sont de cogiter autrement que dans le « bruit » !), et tâche de rendre cette enquête comestible grâce à un habile *suspense* et à la mise en scène de neuf hypothèses qui ont tout le pouvoir d'attraction d'un Quitte ou double. *Éristique et maïeutique* (ainsi que les appellent les gazetiers, ravis de masquer le vide par l'adoption du dernier terme à la mode) ont encore et toujours la même fonction : l'homme attique ne doit pas faire l'effort de comprendre ; il suffit que les experts de l'industrie culturelle lui donnent l'illusion de puiser en lui-même une compréhension qu'en réalité ils lui apportent toute faite.

Le jeu a commencé avec les tours de prestidigitation (ô combien adroits !) du silène Socrate, lequel a même réussi à faire de sa condamnation bien méritée une monstrueuse campagne de propagande, en restant jusqu'au dernier moment le valet fidèle de l'industrie culturelle et en fournissant aux laboratoires pharmaceutiques cet admirable exemple de coup publicitaire que constitue son « Maman, comme c'est bon, la ciguë ! ».

Pour clore la comédie, il demande qu'on sacrifie un coq à Esculape : ultime hypocrisie. Comment ne pas donner raison à notre maître Zollophon[1], lorsqu'il dit : « Plus les moyens de communication de masse offrent des spectacles éloignés de la réalité humaine, du dialogue, plus ils feignent l'intimité de la conversation, de la joviale cordialité, comme on peut le voir (si on en a le courage) en assistant à leurs manifestations, qui obéissent à un impératif secret : intéresser l'homme à ce qui n'a pour lui aucun intérêt, ni économique, ni esthétique, ni moral[2]. » Quelle meilleure définition du *pot pourri* socratico-platonicien du *Banquet*, où, sous le prétexte d'un dialogue philosophique, on offre un spectacle de ripaille que viennent alourdir des allusions sexuelles transparentes et indécentes. De même dans le *Phèdre*, il est dit à propos de l'homme qui *regarde* (car la dernière étape est finalement une civilisation de voyeurs) l'être aimé, que « se fait en lui le changement qu'amène le frisson : une chaleur inaccoutumée. C'est que, une fois reçue par la voie des yeux l'émanation de la beauté, il s'échauffe (...). Mais l'afflux de l'aliment produit un gonflement, un élan de croissance dans la tige[3] (...) ». Régression dans l'obscénité à peine déguisée. Tel est l'ultime apport : l'érotique de masse qu'on fait passer pour de la philosophie. Quant aux relations entre Socrate et Alcibiade, c'est de la biographie, et l'industrie culturelle les élimine de la critique esthétique.

Encore trop « naturel » pour devenir totalement une industrie, le sexe est en tout cas devenu un commerce, comme nous l'apprend Aspasie. Commerce et politique

1. Élémire Zolla, journaliste et essayiste contemporain. N.D.T.
2. Ἔκλιψε δε λίντελλέκτνελ, p. 60.
3. Platon, *Phèdre,* 251 a-b. Trad. Léon Robin.

sont intégrés au système. Le geste de Phrynè nous rappelle mélancoliquement que même notre confiance en une magistrature à l'abri de la corruption était manifestement mal fondée. Face à de telles contradictions, à de si terribles débâcles de l'âme humaine, l'industrie culturelle a une réponse toute prête : de tels cas ne servent-ils pas de matière à enquête pour les auteurs de tragédies ? Sinon que c'est précisément dans cet usage que se dessine l'ultime gouffre d'une apocalypse de l'homme attique, le spectre de son irrémédiable dégénérescence.

Voyez-les en effet se rendre en longues files, alors qu'il fait encore grand jour, sur les gradins des amphithéâtres, où, d'un air hébété, ils s'émouvront stupidemment aux histoires que simuleront devant eux quelques cabots qui n'ont plus rien d'humain, puisqu'ils ont caché leur véritable aspect sous le grotesque artifice du masque, du cothurne à double semelle et de la tunique rembourrée pour mimer une grandeur qui ne leur appartient pas. Semblables à des fantômes sur le visage desquels vous ne pourrez distinguer ni les nuances du sentiment, ni les stigmates de la passion, ils vous offriront, déballé sous le regard indiscret de toute l'assistance, le débat sur les plus profonds mystères de l'âme humaine : la haine, le parricide, l'inceste. Les choses qu'autrefois chacun aurait jalousement dissimulées aux yeux du vulgaire deviennent aujourd'hui matière à divertissement collectif.

Et là encore, le public devra être diverti selon les impératifs d'une culture de masse qui commande de ne pas représenter une émotion en la suggérant, mais de l'offrir toute faite à l'usager : ainsi, ce ne sera pas l'expression poétique de la plainte, mais la formule stéréotypée de la douleur qui vous frappera tout d'un coup et avec une violence calculée : « Oh la la ! Oh la la ! Ototoï totoï ! » Que demander d'autre, de toute façon, à des auteurs qui ont bradé leur art et savent qu'ils doivent confectionner un produit que l'archonte peut accepter ou refuser à son gré ? On sait bien aujourd'hui que les chorégies sont adjugées aux citoyens riches ; l'industrie culturelle ne pouvait donc trouver une législation plus claire. Vous offrirez au commanditaire ce qu'il vous demande et ce qu'il vous demande sera jugé selon la quantité. Vous savez pertinemment que si vous voulez voir représenté votre drame, ce n'est pas lui que vous devrez offrir, mais une tétralogie complète, avec drame satyrique. Il s'agit donc de création sur commande, de production de poésie réalisée mécaniquement, suivant la posologie indiquée. De plus, le poète devra se faire, s'il veut représenter son œuvre, musicien et chorégraphe, auteur et maître de danse, réglant le honteux trottinement du chœur et dosant le sifflement impudique de la flûte. L'ancien auteur du dithyrambe, devenu impresario de la Broadway athénienne a finalement achevé sa sinistre ascèse proxénétique.

Voulons-nous faire l'historique de cette régression ? Eschyle, que l'homme-masse n'admire pas par hasard, a été le premier à prendre pour sujet de poème la chronique d'un fait contemporain comme la bataille de Salamine. Quelle glorieuse matière poétique ! Un événement industriel dont l'auteur s'ingénie à relever les détails technologiques avec une complaisance qui ne peut plus désormais choquer notre goût endurci : le voilà lancé dans l'énumération des « rames bruyantes, tombant avec ensemble, qui frappent l'eau en cadence », des « étraves de bronze », des « aplustres », de « la multitude de vaisseaux s'amassant dans une passe étroite » où « ils s'abordent les uns les autres en choquant leurs faces de bronze » et « voient se briser l'appareil de leurs rames », des manœuvres exécutées par les trières grecques qui « adroitement enveloppent [1] » les

1 . Eschyle, *Les Perses*, vv. 396-428. Trad. Paul Mazon.

navires perses, toujours avec un goût lourdement marqué pour le détail mécanique, avec le plaisir non dissimulé d'introduire dans le vers des bouts de conversation quotidienne, des nomenclatures dignes de manuels techniques, avec un réalisme de seconde main qui nous ferait rougir si nous avions encore du goût et du discernement. Comme dit Zollophon, « le caractère de la masse industrielle est ici parfaitement saisi : il oscille entre l'hystérie et la morosité ; les sentiments n'ont pas de forme chez les adorateurs forcés de Baal[1] ». Les sentiments ? Pour décrire une scène empreinte de la majesté de la mort, ne recourt-il pas à un jargon de boucher mécanisé ? « ...Tandis que les Grecs, comme s'il s'agissait de thons, de poissons vidés du filet, frappent, assomment, avec des débris de rames, des fragments d'épaves ! Une plainte mêlée de sanglots règne seule sur la mer au large[2]. » L'industrie culturelle nous propose son langage devenu chose, bidule artisanal, joint de Cardan, terminologie de chantier naval.

Mais ne croyez pas qu'avec Eschyle, on ait touché le fond. On n'a pas encore bu jusqu'à la lie. Avec Sophocle, vous avez enfin le parfait exemple d'un somnambulisme forcé, produit en série pour les foules. Sophocle aura renoncé aux névroses religieuses d'Eschyle et se tiendra éloigné du scepticisme élégant et « boulevardier » d'Euripide. Chez lui, l'exercice de la *sophrosynè* deviendra une alchimie du compromis moral. C'est un confectionneur de situations bonnes à tous les usages, et donc à aucun. Voyez par exemple *Antigone*.

Là, vous avez tout : la jeune fille qui aime son frère sauvagement mis à mort ; le tyran cruel et inflexible ; la fidélité aux principes jusqu'à la mort ; Hémon, le fils du tyran, qui se tue pour la belle victime de celui-ci ; la mère d'Hémon qui le suit dans la tombe ; Créon écrasé, hébété

1. Ἔκλιψε δε λίντελλέκτνελ, p. 25.
2. Eschyle, *ibid.*

par les morts en série qu'engendre son philistinisme malsain. Le roman-feuilleton a trouvé là, avec la complicité de l'industrie culturelle de l'Attique, son sommet, et le fond de l'abîme. Mais, pour le cas où cela ne suffirait pas, Sophocle met à son œuvre son sceau et sa moralité par la glorification, dans le premier *stasimon*, de la productivité technologique : « Il est bien des merveilles en ce monde, il n'en est pas de plus grande que l'homme.(...) Il est l'être qui tourmente la déesse auguste entre toutes, la Terre, éternelle et infatigable, avec ses charrues qui vont chaque année la sillonnant sans répit, celui qui la fait labourer par les produits de ses cavales. Les oiseaux étourdis, il les enserre et il les prend, tout comme le gibier des champs et les poissons peuplant les mers, dans les mailles de ses filets, l'homme à l'esprit ingénieux. Par ses engins, il se rend maître de l'animal sauvage qui va courant les monts[1]. »

Que vous faut-il de plus ? Nous avons l'éthique de la productivité, l'enthousiasme pour l'œuvre obtuse du travail mécanique, l'idée sous-jacente du génie prolétarien. « Il faut se féliciter, observe ironiquement Zollophon, de la victoire du génie qui, maintenant, abat les monstres grâce à la technique, et souhaiter qu'il soit fait de ces conquêtes un bon usage pour l'homme victorieux[2]. » Telle est l'idéologie de la culture de masse.

Maître en la matière, Sophocle n'a pas hésité à ajouter aux deux protagonistes un troisième rôle, ainsi que la décoration de la scène[3], car, manifestement, pour imposer des émotions toutes faites, l'appareil traditionnel ne lui suffisait plus. Il ne faudra pas attendre longtemps pour voir apparaître le quatrième personnage, totalement muet : la tragédie aura alors joué à fond la comédie du superflu

1. Sophocle, *Antigone*, vv. 232-250. Trad. Alphonse Dain et Paul Mazon.
2. Ἔκλιψε δὲ λίντελλέχτνελ, p. 19.
3. *Cf.* Aristote, *Poétique*, IV, 15.

en montrant l'incommunicabilité, conformément aux règles imposées par les parterres de l'avant-garde, *en attendant* son Godotès.

Voilà que les temps sont mûrs pour Euripide, suffisamment incrédule et radical pour rencontrer la faveur des masses, capable de réduire le drame à une pochade, comme l'attestent les lourdes plaisanteries d'Admète et d'Hercule, qui s'avèrent très efficaces pour neutraliser la puissance tragique pouvant subsister dans *Alceste*. Quant à *Médée*, la culture de masse nous offre là son morceau de bravoure, nous parlant des névroses privées d'une hystérique sanguinaire, à grand renfort d'analyses freudiennes, et nous fournissant un parfait exemple de ce que peut être un Tenessee Williams du pauvre. La posologie est complète : comment ne pas pleurer et éprouver terreur et pitié ?

Puisque c'est ce que veut la tragédie. Que vous éprouviez terreur et pitié, et que vous les éprouviez sur commande, au moment voulu. Lisez les pages que consacre à ce sujet Aristote, l'ineffable maître de la persuasion occulte. Voici un livre de recettes complet : prenez un personnage qui soit fait de telle sorte que le public soit partagé entre l'admiration et la condamnation, s'identifiant à lui et à ses faiblesses ; faites-lui subir des aventures terribles et pitoyables, dosez le tout avec une bonne mesure de coups de théâtre, de reconnaissances et de catastrophes, mélangez, portez à ébullition, et voilà : le résultat obtenu s'appelle catharsis. Vous verrez le public s'arracher les cheveux, glapir de peur et de commisération, et se libérer dans les spasmes d'une décharge apaisante. De tels détails vous font frémir ? C'est écrit noir sur blanc : lisez les textes de ce coryphée de la civilisation contemporaine. L'industrie culturelle n'hésite pas à les mettre en circulation, bien convaincue que ce n'est pas le mensonge, mais la paresse des esprits qui fait son jeu.

L'idéologie ? S'il en est une, c'est celle-ci, et la seule : accepter le fait établi et l'utiliser comme un élément d'argumentation destiné à persuader. Le méchant manuel commis dernièrement par ledit Aristote et intitulé *La Rhétorique*, n'est autre qu'un catéchisme du marketing, une enquête motivationnelle sur ce qui plaît ou ne plaît pas, sur ce qu'on croit ou qu'on rejette. Vous savez maintenant quelles sollicitations irrationnelles agissent sur vos semblables, dit-il, et c'est pour cette raison qu'ils sont à votre merci. Actionnez-les, ils sont à vous. « Avec une telle œuvre, comme l'observe Zollophon, on a une fabrication qui ne reflète pas, bien entendu, les tendances du public, mais calcule ses effets en raison de la vendabilité, force la note selon les lois de la réaction brute au stimulus[1] ». Résultat ? La délectation morose, c'est-à-dire le creuset de tous les vices. La chimère, ou le rêve éveillé. La tragédie lui appose le sceau de la visibilité et de l'approbation sociale, comme une société barbare prépare un temple pour un monstre sorti de ses recoins.

Mais ne croyez pas que l'escroquerie aux dépens du pauvre béotien soit perpétrée uniquement dans l'amphithéâtre officiel, au jour fixé par le programme. C'est le même Aristote qui, dans sa *Politique* (livre huit), nous parle de la musique et « de la sensible efficacité de celle-ci sur notre tempérament ». Si l'on connaît les lois du chant en tant qu'imitation des mouvements de l'âme, on saura comment « faire naître les sentiments » et on verra que le mode phrygien pousse à des comportements orgiaques, le mode dorien à une conviction de « virilité ». Que vous faut-il de plus ? C'est là le manuel parfait pour la manipulation émotionnelle des *korai*, ou, comme on aime à dire aujourd'hui, des *teen-agers* de sexe féminin. Le somnambulisme forcé n'est plus une utopie, mais une réalité. Partout

---

1. Ἔκλιψε δε λίντελλέχτνελ, p. 42.

on joue maintenant de la flûte, ce contre quoi Adornos a longuement et vainement bataillé. Depuis la divulgation de la pensée d'Aristote, la praxis musicale est devenue une chose à la portée de tous, et les enfants s'y initient dans les écoles : d'ici peu, un chant de Tyrtée sera quelque chose que le premier venu saura siffler dans les thermes ou au bord de l'Ilissos.

Musique et tragédie nous révèlent à présent leur vrai visage : une manipulation des instincts à laquelle les foules courent avec empressement pour se faire chatouiller leur masochisme. Instruments de la persuasion occulte, c'est avec elles qu'on éduque nos enfants, transformés en troupeaux dans les gymnases. Une fois qu'ils seront devenus adultes, cette même science des *public relations* leur enseignera comment se comporter dans la vie en société pour réduire la vertu, l'habileté, les sentiments réels à un masque. Écoutons Hippocrate : « Pour un médecin, c'est certainement un excellente recommandation que d'avoir bonne mine et bel aspect, car le public estime que ceux qui ne savent pas prendre soin de leur propre corps ne seront pas capables de soigner celui des autres.(...) Au moment où le médecin entre dans la chambre du malade, qu'il soit attentif à sa façon de s'asseoir, de se comporter ; il doit être bien vêtu, serein dans son visage et ses gestes [1]. » Le mensonge se fait masque, le masque personnage. Le jour n'est pas loin où, pour définir la nature la plus profonde de l'homme, il ne restera plus que le terme de masque : *persona*, terme qui désigne son apparence la plus superficielle.

Amoureux de sa propre apparence, l'homme-masse ne pourra apprécier que ce qui *apparaît* vrai ; il ne pourra que jouir de l'*imitation* [2], c'est-à-dire de la parodie de ce qui n'est pas. Voyez avec quelle frénésie irrésistible il y est

1. *Corpus Hippocraticum, passim.*
2. Aristote, *Poétique*, IV, 5.

porté dans les produits de la peinture (où l'on glorifie des illustrateurs qui peignent des raisins que les oiseaux pourraient aller picorer) et de la sculpture, qui excelle maintenant dans l'art de reproduire des corps nus qui semblent vrais, des lézards rampant sur des troncs d'arbre, auxquels il ne manque que la parole, selon l'expression du vulgaire extasié. Et là aussi, depuis longtemps, le besoin insatiable de fournir l'impression toute faite, comme le jour où, sur les vases à figures rouges, on commença à introduire des figures vues de face, comme si le simple profil ne suffisait pas à suggérer, par intuition poétique, ce qu'était l'objet de la vision de l'artiste.

Désormais, le joug de la nécessité industrielle pèse sur la production artistique : sachant exploiter astucieusement les conditions contraignantes, l'homme-masse a changé cette détermination en choix. L'art s'est plié aux lois de la science : pour les proportions entre les colonnes des temples, on instaure des « règles d'or » dont l'architecte se délecte avec une passion de géomètre ; Polyclète vous fournit un « canon » pour la production de la statue parfaite et industrialisable, et donne naissance à un *Doryphore* qui, comme on a pu le constater amèrement, n'est plus une œuvre, mais une poétique, un traité fait pierre, l'exemple concret d'une règle mécanique[1]. Art et industrie vont aujourd'hui de pair. Le cycle est achevé. L'esprit a fait place à la chaîne de montage ; une sculpture cybernétique est peut-être ce qui nous guette.

Ultime défense, qui est aussi l'ultime degré de l'initiation : la solution moutonnière qui voit les éphèbes embrigadés dans des troupes uniformisantes ; la salutaire révolte contre le père est remplacée par l'inévitable capitulation devant le groupe, contre lequel l'enfant ne sait pas se défendre. L'égalitarisme sape toute différence entre jeunes

---

1 . *Cf.* Galien, *De placitis Hippocratis et Platonis,* v. *Cf.* aussi Pline l'Ancien, *Nat. Hist.,* XXXIV.

et vieux : l'histoire de Socrate et d'Alcibiade ne fait que confirmer notre propos. Nivelés, desséchés dans l'expression des sentiments individuels, ces modèles de l'homme athénien resteront tels jusqu'à la mort, et au-delà : la préfabrication des sentiments, après avoir envahi la vie quotidienne, s'imposera aussi au moment du dernier voyage. Ce n'est pas vous qui vous affligerez, mais les pleureuses qui mimeront une douleur dont vous êtes désormais incapables ; quant au mort, il ne lui suffira pas de faire le grand saut pour qu'il renonce aux misérables petits plaisirs auxquels il est resté agrippé de son vivant. Vous lui introduirez dans la bouche une pièce de monnaie (le prétexte étant l'obole à donner à Caron) et une fouace destinée à Cerbère. Pour les riches, vous ajouterez des objets de toilette, des armes, des bijoux.

C'est cette même masse d'hommes incapables de choisir qui court se délecter à la basse pornographie d'Aristophane ; l'obscure relation entre la Haine et l'Amour, telle que les philosophes présocratiques leur en suggérèrent l'idée, ne les intéresse plus. Pour ce qui est de la science, tout s'est maintenant réduit à un savoir provisoire. Il suffit de connaître par cœur le théorème de Pythagore (et il n'est pas un béotien qui ne connaisse ce petit jeu stupide avec des triangles), et quant au reste, Euclide a accepté de fonder tout le savoir mathématique sur un postulat arbitraire et indémontrable. Mais bientôt tous ces gens-là, l'école aidant, sauront lire et compter, et ils ne demanderont plus rien, sauf peut-être le droit de vote pour les femmes et les métèques. Faudra-t-il le refuser ? Où trouver le courage de s'opposer à cette marée montante de vulgarité ?

D'ici peu, tout le monde voudra tout savoir. Déjà Euripide a tenté de divulguer les mystères d'Eleusis. De fait, pourquoi garder encore une zone de mystère, puisqu'à présent la constitution démocratique offre à tout un chacun la possibilité de faire joujou avec un boulier et de jongler avec l'alpha et le bêta ? Les gazetiers racontent qu'un artisan de Mésopotamie a inventé une prétendue « roue à eau » qui tourne toute seule (et actionne une meule) par la seule force du courant d'une rivière. Ainsi, même l'esclave préposé aux moulins aura le temps de manier le poinçon à écrire et les tablettes de cire. Mais, comme déclara un maraîcher des lointains pays d'orient devant un engin du même genre : « J'ai entendu dire par mon maître : qui utilise une machine est la machine de ses œuvres ; qui est machine de ses œuvres acquiert un cœur de machine... Ce n'est pas que je ne connaisse votre engin, mais j'aurais honte de m'en servir. » Zollophon, qui cite ce savoureux apologue, fait ce commentaire . « Quelle voie pourrait ouvrir la condition ouvrière à la sainteté[1] ? » Mais l'homme-masse n'aspire pas à la sainteté ; ce qui le symbolise, c'est la brute qui nous est dépeinte par Xénophon, esclave de sa soif, et qui se roule par terre comme un singe pris de folie, en criant « thalatta, thalatta ! ». Oublierons-nous un jour que la nature « fait les corps des hommes libres différents de ceux des esclaves » et que « les hommes sont libres ou esclaves par droit de nature », comme découvrit Aristote dans un moment de lucidité[2] ? Réussirons-nous encore à nous soustraire, ne fût-ce qu'en petit nombre, aux occupations que la culture de masse réserve à une humanité d'esclaves en tentant d'y mêler aussi l'homme libre ? Il ne reste plus à cet homme libre qu'à se retirer, s'il en a la force, dans son dédain et sa douleur. Si tant est qu'un jour l'industrie culturelle, en initiant aux lettres les esclaves eux-mêmes, ne sape pas à la base ce dernier bastion d'une aristocratie de l'esprit.

---

1. Ἔχλιψε δε λίντελλέχτνελ, p. 113.
2. Aristote, *Politique*, I, *passim*.

LA DÉCOUVERTE DE L'AMÉRIQUE

Telmon — Bonsoir. Nous sommes le 11 octobre 1492 et il est 19 heures. Nous commençons notre liaison en direct avec le navire amiral de l'expédition Colomb qui devrait, avant 7 heures demain matin 12 octobre 1492, conduire le premier thalassonaute européen à poser le pied sur une terre nouvelle, une nouvelle planète, si vous me permettez la métaphore, cette Terra Incognita rêvée par tant d'astronomes, de géographes, de cartographes et de voyageurs, qui pour certains serait les Indes, atteintes par l'ouest et non par l'est, et pour d'autres rien de moins qu'un nouveau continent, immense et inexploré. Dès cet instant, la radiotélévision restera en liaison permanente pendant 25 heures consécutives. Nous serons reliés à la fois avec la caméra placé sur la Santa Maria, le vaisseau amiral, et avec la station des Canaries, ainsi qu'avec le studio Sforza de Milan, l'université de Salamanque et celle de Wittenberg.

J'ai à mes côtés le professeur Léonard de Vinci, éminent savant et futurologue qui nous fournira au fur et à mesure les explications nécessaires pour comprendre les détails techniques de cette extraordinaire aventure. À toi, Stagno.

Stagno — Comme vous le savez, on ne pourra avoir la liaison vidéo qu'au moment du débarquement. La caméra a été fixé à la figure de proue de la caravelle, mais l'antenne, installée sur la hune du grand mât, ne pourra entrer en action que lorsque le gabier aura terminé le repérage et que les voiles seront carguées. À quel point de leur épique traversée en sont les trois caravelles ? C'est d'un cœur battant que nous suivons la plus grande entreprise qu'ait connue l'histoire de l'humanité, l'aube d'une ère nouvelle que quelqu'un a déjà proposé d'appeler les Temps Modernes. L'homme sort du Moyen Âge et accomplit un nouveau pas en avant dans son évolution spirituelle. Les techniciens de Cap Canaries éprouvent sûrement la même émotion que nous... Mais à ce propos, nous voudrions entendre Ruggiero Orlando, qui a quitté Montecitorio [1] pour venir tout spécialement faire ce reportage télévisé historique. À toi, Orlando, tu m'entends ?

Orlando — Oui ? Je t'entends. Tu m'entends ?

Stagno — Ruggiero ?

Orlando — Oui ? Tu m'entends ?

Stagno — Tu m'entends, Ruggiero ?

Orlando — Comme je disais, oui, je t'entends. Moment de tension, ici, à Cap Canaries. La position des trois galéasses de Chrisophe Colomb...

Stagno — Excuse-moi, Orlando, j'ai l'impression que ce ne sont pas des galéasses...

Orlando — ... Un moment... on me dit ici... il y a un bruit infernal au centre de contrôle... trois cents carmes déchaux qui sont en train de dire en même temps trois cents messes solennelles pour que le voyage réussisse... Voilà, voilà, ce ne sont pas des galéasses, en effet, mais des chébecs. Des chébecs ! Le chébec est une embarcation typique...

Stagno — Excuse-moi, Ruggiero, ici, en audio, j'entends dire « caravelles »...

1. Siège du parlement italien, à Rome. N.D.T.

158

Orlando — Comment ? On n'entend rien... il y a une grande agitation, ici... Ah, voilà. En effet, comme je le disais, il s'agit de trois caravelles : la Niña, la Pent. non... la Pinta et la Santa Radegonda...

Stagno — Excuse-moi, Ruggiero, j'ai là le communiqué Ansa [1] qui parle de la Santa Maria...

Orlando — En effet, quelqu'un ici aussi me souffle Santa Maria. On voit que les avis sur la question sont partagés... La caravelle, quoi qu'il en soit, est une embarcation typique dont je me suis fait faire une maquette... Le vêtement que je porte est l'uniforme de mousse de la marine espagnole... Les caravelles...

Telmon — Excuse-moi, Ruggiero, si je t'interromps, mais nous avons ici le professeur Vinci qui pourra nous dire quelque chose sur les caravelles du point de vue de la propulsion...

Léonard — mon el etrop iuq uaesio dnarg nu tse li...

Telmon — Un instant, salle de contrôle de la via Teulada... Le professeur Vinci a l'étrange habitude de parler de droite à gauche [2] ; il faudrait faire une inversion de l'ampex. Vous vous rappelez que, justement à cause de ça, nous avions prévu un décalage de neuf secondes entre la prise et la mise en onde. Allo ? Ampex, vous m'entendez ? C'est bon, allons-y !

Léonard — Il est un grand oiseau qui porte le nom...

Telmon — Pardonnez-moi, professeur Vinci... Il y a vingt millions de téléspectateurs qui nous regardent... Il serait peut-être bon de s'exprimer d'une façon un peu plus simple...

Léonard — Très bien, excusez-moi. Voilà : la caravelle utilise le système de propulsion dit « wind and veil » et flotte en vertu du principe d'Archimède qui veut que tout

---

1. Agence de presse italienne. N.D.T.
2. Allusion au « codage » (écriture inversée) pratiqué par Léonard dans certains de ses écrits. N.D.T.

corps plongé dans un liquide subit une poussée verticale, dirigée de bas en haut, égale au poids du fluide déplacé. La voile, élément essentiel de la propulsion, est répartie sur trois mâts : le grand mât, le mât d'artimon et le mât de misaine. Le beaupré a une fonction particulière : le foc et le clinfoc y sont fixés, alors que le perroquet et la brigantine interviennent dans l'orientation.

Telmon — La thalassonavette arrive-t-elle dans l'état où elle est partie, ou bien y a-t-il des éléments qui se détachent en cours de route ?

Léonard — Je vais vous dire : il y a un processus d'appauvrissement de la thalassonavette qu'on appelle couramment « kill and drawn ». C'est-à-dire que lorsqu'un matelot se conduit de façon incorrecte avec l'amiral, il reçoit un coup sur la tête et on le jette à la mer. C'est le moment du « mutiny show-down ». En ce qui concerne la Santa Maria, il y a eu trois cas de « kill and drawn », qui ont permis à l'amiral Colomb de reprendre le contrôle de la thalassonavette... En pareilles circonstances, l'amiral doit être très attentif et intervenir au bon moment...

Telmon — Autrement, il perd le contrôle du bâtiment. Je comprends. Et dites-moi, quelle est la fonction technique du mousse ?

Léonard — Très importante. On dit que c'est une fonction de « feeding back ». Pour le public, nous pourrions traduire par « soupape de sécurité ». C'est un problème technique dont je me suis longtemps préoccupé et, si vous voulez, je vais vous montrer quelques uns de mes dessins d'anatomie...

Telmon — Merci, professeur Vinci, mais il me semble que le moment est venu d'établir la liaison avec le studio de Salamanque. À toi Bongiorno !

Bongiorno — À la bonne heure ! Nous voici dans le studio de Salamanque 1, pour interwiever quelques cerveaux qui occupent aujourd'hui la scène de l'actualité, à ce qu'on dit. Nous allons poser maintenant une question à Monsieur le Recteur de l'Université de Salamanque — je vous en prie, restez à l'endroit marqué à la craie. Dites-nous, Monsieur le Recteur, qu'est-ce que c'est que cette Amérique dont on parle tant ?

Recteur — Du vent. Voilà ce que c'est : du vent !

Bongiorno — Pardonnez-moi, Monsieur le Recteur, mais, ici, les experts ont écrit... « con... continent »...

Recteur — Non, non, écoutez, je suis désolé pour vos experts. Moi, j'avais fixé comme document de base l'*Almageste* de Ptolémée. Vérifiez et vous verrez que les chances de trouver quelque chose sont tout à fait limitées. L'amiral Colomb prétend pouvoir « chercher l'est en passant par l'ouest », mais le projet est dénué de tout fondement. La plupart des gens savent en effet que la Terre finit aux Colonnes d'Hercule et que la survie des trois caravelles au-delà de cette limite est l'effet d'une simple illusion télévisuelle due à une intervention démoniaque. Le cas Colomb est le résultat évident de la faiblesse des autorités compétentes face à la contestation estudiantine. Par ailleurs, quand bien même le voyage serait possible, les thalassonavettes n'auraient pas d'autonomie suffisante, à cause d'un manque de combustible angélique. Vous voyez, comme nous l'enseignent différents conciles, le problème est de savoir combien d'anges peuvent tenir sur la pointe d'une aiguille, mais il n'y a aucune trace, dans les actes des conciles, de l'idée selon laquelle les anges peuvent tenir en haut d'un trinquet. Ce seraient plutôt des feux Saint-Elme, et donc des manifestations diaboliques peu propres à pousser une caravelle vers une terre promise ou inconnue.

Bongiorno — Bien sûr, ce sont des choses très compliquées et je ne saurais quoi vous dire. Nous verrons ce qu'en décideront nos experts, et bonne chance pour Quitte ou double ! Mais écoutons maintenant un expert tout à fait éminent dont tout le monde parle aujourd'hui, le Doyen de la Société Royale de Cartographie du Portugal. Dites-moi, Monsieur le Doyen, croyez-vous vraiment que Colomb soit en train de faire route vers les Indes ?

Doyen — Le problème n'est pas facile, et le tort de Colomb est de vouloir le résoudre par des moyens empiriques au lieu de procéder à une définition du problème en en considérant l'essence. Vous voyez, *non sunt multiplicanda entia sine necessitate*, et cela nous porterait à postuler l'existence d'une seule et unique Inde. En ce cas, Colomb devrait aborder par l'est sur la pointe extrême de la terre asiatique, et plus précisément à l'embouchure du fleuve Oussouri. S'il en était ainsi, l'expédition n'aurait aucun intérêt, étant donné l'absence totale d'importance politique et géographique que présente ce bout de terre. Ou bien il pourrait aborder sur la côte est de l'île de Cipango, auquel cas l'économie méditerranéenne pourrait en subir un rude contrecoup. Ces gens ayant comme maligne spécialité d'imiter sous forme transistorisée les inventions mécaniques des autres, le marché des républiques maritimes se trouverait envahi par des milliers de caravelles parfaitement imitées et à des prix inférieurs. On assisterait alors à l'effondrement économique de la république de Venise, à moins que les autorités ducales ne prévoient la construction de nouveaux chantiers navals à Porto Maghera, avec cependant des conséquences désastreuses pour l'équilibre de la lagune...

Bongiorno — Je comprends. Mais nous avons également ici le Doyen de la Faculté de Droit de Grenade, qui va nous dire quelque chose sur les conséquences juridiques de cette découverte. Beaucoup se demandent à qui appartiendront les nouvelles terres. À qui appartiendra la partie de l'océan que Colomb a traversée ?

Doyen — Le problème de droit international est très grave. Tout d'abord, nous avons le problème d'un partage

162

entre l'Espagne et le Portugal, et je ne crois pas être en avance sur mon temps en disant qu'il nous faudra réunir une conférence, que sais-je ? à Tordesillas, par exemple, pour tracer une ligne de démarcation entre les sphères d'influence...

Elio Sparano — Excuse-moi, Bongiorno... Ici le studio Sforza de Milan. Il y a avec nous un groupe d'éminents juristes milanais qui ne sont pas d'accord. Ils prétendent que le problème est absurde. À ce train-là, étant donné qu'il faut aussi tenir compte d'une autre puissance maritime : l'Angleterre, on en arriverait à penser que les nouvelles terres pourraient être un jour divisées entre sphères d'influence anglo-saxonne, espagnole et portugaise... C'est de la science-fiction ! Bien, je passe l'antenne au studio de Wittenberg. À toi, Pippo Baudo.

Baudo — Ici le studio de Wittenberg. Nous voudrions poser une question à un théologien de Wittenberg, jeune mais plein d'expérience. L'un des espoirs de notre Sainte Église Catholique. Dites-moi, docteur Luther, croyez-vous que ce débarquemnt constitue une véritable et durable révolution pour l'histoire de l'homme ?

Luther — Vous savez, il n'y a pas que les révolutions technologiques. Il y a aussi les réformes intérieures, qui peuvent avoir des résultats bien plus importants, plus dramatiques et plus exaltants...

Baudo — Voilà qui est fort bien parlé... Mais vous ne voulez sans doute pas dire qu'il pourra y avoir dans l'avenir des révolutions intérieures qui fassent plus de bruit que ce grand événement scientifique...

Luther — Il ne faut jurer de rien, gardez-vous de trop y croire...

Baudo — Ah ah ! Très sibyllin ! Mais vous savez — je plaisante, naturellement —, moi, je suis disposé à y croire. Ma devise est « Crois fermement et pèche fortement ! » Ah ah !

Luther — Belle phrase ! Il faut que je la note.

Stagno — Un instant, excusez-moi. Des voix nous arrivent par l'audio... Il semble que la terre ait été aperçue... Voilà, on entend distinctement : ils crient « Terre, terre ! ». Tu entends aussi Orlando ?

Orlando — À vrai dire, ici, on n'entend rien. Un moment, que je me renseigne auprès de la station des Açores...

Stagno — Ça y est : la terre est effectivement en vue. Le navire accoste... Ils ont débarqué ! ! ! Aujourd'hui douze octobre 1492, l'homme a posé pour la première fois le pied dans le Nouveau Monde. Orlando, qu'est-ce qu'ils disent là-bas ?

Orlando — Donc... aux dernières nouvelles, il paraîtrait que le débarquement a été repoussé d'un mois et que la terre en vue, ce sont les îles Lipari...

Stagno — Mais non, Orlando. J'ai entendu distinctement !

Telmon — Allo ? Oui ? Voilà. Stagno et Orlando ont raison tous les deux. Le navire a en effet jeté l'ancre : pourtant, il ne s'agit pas encore de la terre ferme, mais de San Salvador. Une petite île de l'archipel dit des Caraïbes, que quelque cartographe a même décidé d'appeler Mer de la Tranquillité. Mais voilà que la caméra placée sur la figure de proue du vaisseau amiral entre en action. Voilà que Christophe Colomb pose le pied sur la plage pour planter le drapeau de Sa Majesté Catholique ! Le spectacle est grandiose. Au milieu des palmiers, une foule d'individus emplumés s'avance à la rencontre des thalassonautes. Nous allons entendre les premières paroles prononcées par l'homme dans le Nouveau Monde. Elles vont être dites par un marin qui marche en tête du groupe, le maître d'équipage Baciccin Parodi...

Parodi — Putain con, Amiral, mais elles sont toutes nues !

Stagno — Qu'est-ce qu'il a dit, Orlando ?

Orlando — On n'a pas bien entendu, mais ce n'étaient pas les mots convenus. Quelqu'un me suggère ici qu'il doit s'agir d'un phénomène d'interception des communications. Il paraît que ça arrive souvent dans le Nouveau Monde. Mais voilà, l'amiral Colomb va parler !

Colomb — C'est un petit pas pour un marin, mais c'est un grand pas pour Sa Majesté Catholique... Bordel, mais qu'est-ce qu'ils ont au cou ?... Putain, c'est de l'or, ça ! De l'or !

Orlando — Le spectacle qui nous est transmis par la caméra est véritablement grandiose ! Les marins se mettent à courir vers les indigènes en faisant de grands bonds, des bonds immenses, les premiers bonds de l'homme dans le Nouveau Monde... Ils prennent au cou des indigènes les échantillons du minerai du Nouveau Monde et les fourrent dans de grands sacs en plastique... À présent, les indigènes aussi font de grands bonds en cherchant à fuir ; l'absence de pesanteur les ferait s'envoler si les marins ne les retenaient pas à terre avec de lourdes chaînes... Maintenant les indigènes sont tous bien sagement alignés en colonne, tandis que les matelots se dirigent vers les navires avec les lourds sacs chargés du minerai local. Ce sont des sacs vraiment pesants, et il a fallu beaucoup d'efforts tant pour les remplir que pour les transporter...

Stagno — C'est le fardeau de l'homme blanc ! Un spectacle que nous n'oublierons jamais. Aujourd'hui commence une nouvelle ère de la civilisation !

avait désormais transformé l'activité cinématographique en une pratique à la portée de tout le monde, et chacun se passait son propre film, ne mettant plus les pieds dans une salle. Les nouvelles techniques de reproduction et de projection par cassette qu'on insère dans le moniteur placé sur le tableau de bord de la voiture avaient rendu caduques les méthodes artisanales du film souterrain. Dans ces années-là, on vit donc entrer en circulation les guides du genre « Faites votre Antonioni vous-même ». L'utilisateur achetait un « plot pattern », c'est-à-dire une « grille » de sujet multiple qu'il pouvait remplir avec un très large choix de combinaisons standardisées. Avec un seul pattern, accompagné de son lot de combinaisons, il était possible de faire, par exemple, 15.751 films d'Antonioni. Nous donnons ici les instructions jointes à quelques unes de ces film-cassettes. Les lettres placées comme exposant de chaque situation de base renvoient au lot des solutions de rechange. Pour prendre un exemple, le basic pattern à l'Antonioni (« Une étendue désolée. Elle s'éloigne ») peut engendrer d'autres films comme : « Un labyrinthe de restauroute avec une visibilité incertaine. Il touche longuement un objet », et ainsi de suite.

Sujet multiple pour Antonioni

Une[a] étendue[b] désolée[c]. Elle[d] s'éloigne[e].

TRANSFORMATIONS

a Deux, trois, un nombre infini. Un réseau de. Un labyrinthe de. Un.

b Ville. Échangeurs d'autoroute. Restauroute. Couloir de métro. Champ pétrolifère. Fos-sur-Mer. La Défense. Stock de tubes d'échafaudage à ciel ouvert. Cimetière de voitures.

Usine Renault de Billancourt un dimanche. Exposition après la fermeture. Centre de recherches spatiales un quinze août. Campus de l'University of California — Los Angeles pendant que les étudiants sont à Washington. Aéroport de Roissy.

c Vide. À perte de vue. Avec visibilité incertaine à cause de la réverbération du soleil. Brumeuse. Rendue impraticable par des grillages à larges mailles. Radioactive. Déformée par le grand angulaire.

d Lui. Tous les deux.

e Se tient immobile. Touche longuement un objet. S'éloigne, puis s'arrête, perplexe ; fait deux pas en arrière et s'éloigne à nouveau. Ne s'éloigne pas, mais la caméra fait un travelling arrière. Regarde la caméra avec un visage inexpressif en touchant son foulard.

Sujet multiple pour Jean-Luc Godard

Il arrive[a] et puis boum[b] une raffinerie[c] explose les Américains[d] fait l'amour[e] des cannibales[f] armés de bazookas[g] tirent[h] sur la voie ferrée[i] elle tombe[j] criblée de coups[k] de mousquets[l] à une vitesse folle[m] va à Vincennes[n] Cohn Bendit[o] prend le train[p] et parle[q] deux hommes[r] tuent elle[s] lit des maximes de Mao[t] Montesquieu[u] lance une bombe[v] sur Diderot[w] lui se tue[x] vend le Figaro[y] les peaux-rouges[z] arrivent.

TRANSFORMATIONS

a Est déjà là en train de lire des maximes de Mao. Est mort sur l'autoroute, la tête éclatée. Est en train de se tuer. Tient un meeting. Court sur la route. Saute par une fenêtre.

b Splatch. Wroarrr. Crac. Spraim. Plof. Scratch.

c Un jardin d'enfants. Notre-Dame. Le siège du Parti Communiste. Le Parlement. Une colère rentrée. Le Parthénon. La rédaction du Figaro. L'Élysée. Paris.

d Les Allemands. Les paras français. Les Vietnamiens. Les Arabes. Les Israéliens. La police.

e Ne le fait pas.

f Indiens. Experts-comptables en groupe. Communistes dissidents. Camionneurs fous.

g Yatagans. Exemplaires du Figaro. Sabres d'abordage. Mitraillettes. Pots de peinture rouge. Pots de peinture bleue. Pots de peinture blanche. Pots de peinture orange. Pots de peinture noire. Tableau de Picasso. Petits livres rouges. Cartes postales.

h Jettent des pierres. Des bombes. Renversent des pots de peinture rouge, verte, bleue, jaune, noire. Répandent sur la chaussée une matière glissante.

i Sur l'Élysée. Sur l'université de Nanterre. Sur la place de la Concorde.

j Est défenestrée par des agents de la CIA. Est déflorée par des parachutistes. Est tuée par des aborigènes australiens.

k Avec une large déchirure dans le ventre, d'où sortent des flots de peinture jaune, rouge, bleue, noire. Fait l'amour avec Voltaire.

l Marrons.

m À une allure inégale. Très lentement. En restant immobile pendant que le fond se déplace (utiliser du transparent).

n Nanterre. Flins. Place de la Bastille. Clignancourt. Venise.

o Jean-Jacques Servan-Schreiber. Jean-Paul Sartre. Pier Paolo Pasolini. D'Alembert.

p Le rate. Roule à vélo. Sur des patins à roulettes.

q Pleure. Crie : « Vive Guevara ! »

r Une bande d'Indiens.

s Tout le monde. Personne.

t Citations de Brecht. La Déclaration des droits de l'homme. Saint-John Perse. Le prince Korzybsky. Eluard. Lo Sun. Charles Péguy. Rosa Luxembourg.

u Diderot. Sade. Restif de la Bretonne. Pompidou.

v Une tomate qui s'écrase en faisant des taches de peinture rouge, bleue, jaune, noire.

w Daniel Cohn Bendit. Nixon. Madame de Sévigné. Voiture. Van Vogt. Einstein.

x S'en va. Tue tous les autres. Jette une bombe sur l'Arc de Triomphe. Fait sauter un cerveau électronique. Renverse par terre des pots de peinture jaune, verte, bleue, rouge minium, noire.

y Les maximes de Mao. Écrit un dazibao. Lit des vers de Pierre Emmanuel. Regarde un film de Chaplin.

z Les parachutistes. Les Allemands. Des bandes d'experts-comptables affamés et armés de sabres. Des blindés. Pier Paolo Pasolini avec Pompidou. L'exode du quinze août. Diderot qui vend l'Encyclopédie au porte à porte. L'Union des marxistes-léninistes en patinette.

Sujet multiple pour Ermanno Olmi

Un bûcheron[a] au chômage[b] erre longuement[c], puis revient à son village natal[d] et trouve sa mère[e] morte[f]. Il se promène dans les bois[g] en parlant avec un vagabond[h], puis comprend[i] la beauté des arbres[j] et reste là[k] à penser[l].

TRANSFORMATIONS

a Un jeune homme fraîchement arrivé à la ville. Un ancien partisan. Un cadre déçu. Un chasseur alpin. Un mineur. Un moniteur de ski.

b Suremployé. Triste. Qui n'a plus de but dans la vie. Malade. Licencié. En proie à un sentiment de vide. Qui a perdu la foi. Qui a retrouvé la foi. Après une vision du pape Jean XXIII.

c Brièvement. Conduit sur l'autoroute une Mini Austin. Conduit un camion de Bergame à Brindes.

d Dans la scierie de son frère. Dans son chalet de montagne. Aux Menuires. À Chamonix. Au bord du lac Pavin. Sur la place des Invalides, dans le bureau de tabac de son cousin.

e Autre parent au premier degré. Sa fiancée. Son ami. Le curé.

f Malade. Devenue prostituée. Qui a perdu la foi. Qui a retrouvé la foi. Qui a eu une vision du pape Jean XXIII. Partie pour la France. Emportée par une avalanche. Occupée aux petites besognes quotidiennes.

g Sur l'autoroute. Autour de la piscine Deligny. À Aubervilliers. Au milieu des neiges immaculées. À Saint-Jean-de-Maurienne. Dans les couloirs d'une agence de publicité en proie à l'aliénation.

h Avec un ancien chasseur alpin. Avec le curé. Avec l'abbé Pierre. Avec un ancien résistant. Avec un guide de haute montagne. Avec le chef des bûcherons. Avec l'administrateur d'une agence de design industriel. Avec un ouvrier. Avec un chômeur méridional.

i Ne réussit pas à comprendre. Se souvient. Redécouvre. Apprend par une vision du pape Jean XXIII.

j Des neiges. Du chantier. De la solitude. De l'amitié. Du silence.

k S'en va pour toujours.

1 Sans plus penser à rien. Sans plus aucun but dans la vie. Avec un nouveau but dans la vie. Faisant une neuvaine pour le pape Jean XXIII. Se faisant bûcheron (guide de haute montagne, vagabond, mineur, porteur d'eau).

Sujet multiple pour Sampieri, Bellocchio, Faenza, etc.

Jeune poliomyélitique[a] de famille très riche[b] qui se déplace sur un fauteuil roulant[c] dans un villa[d] au parc plein de gravier[e] il hait son cousin[f] architecte[g] radical[h] et s'unit[i] sexuellement à sa propre mère[j] de façon biologiquement correcte[k] puis se tue[l] après avoir joué aux échecs[m] avec le régisseur[n].

TRANSFORMATIONS

a Paraplégique. Hystérique compulsif. Névrotique simple. Dégoûté de la société néo-capitaliste. Marqué depuis l'âge de trois ans par un acte de violence sexuelle que lui a fait subir son grand-père. Avec un tic à la mâchoire. Beau mais impuissant. Blond et bancal (et content de l'être). Qui feint la folie. Qui feint la santé mentale. Affecté de manie religieuse. Inscrit à l'Union des Marxistes-Léninistes, mais pour des raisons névrotiques.

b Aisée. En décadence. Tarée. Ruinée. Dont les parents vivent séparés.

c Sur une planche à roulettes. Avec des béquilles. Avec une jambe artificielle. Avec une prothèse dentaire aux très longues canines, sur lesquelles il s'appuie. Uniquement en se suspendant aux arbres.

d Yacht. Cité-jardin. Sanatorium. Clinique de son père.

e Toute autre forme de revêtement, à condition qu'il fasse un bruit égal et continu lorsqu'une grosse cylindrée roule dessus

171

f Autres parents au choix, y compris demi-frères ou sœurs et parents par alliance. Amant(e) de sa mère (de son père, de sa tante, de sa grand-mère, du régisseur, de sa fiancée).

g Urbaniste. Écrivain. Président des Amis de la Terre. Agent de change (qui a le vent en poupe). Écrivain engagé.

h) Abonné à l'Express. Communiste de la tendance Juquin. Professeur démocrate. Ex-chef des FTP. Membre de la CNCL. Ami de Théodorakis. Bernard Pivot. Jack Lang. François Léotard. Cousin de Marchais. Ex-dirigeant du Mouvement Étudiant.

i Tente de s'unir. Violente et se révèle impuissant. Songe à s'unir (séquence onirique). Déflore avec une pompe à vélo.

j Sa grand-mère, sa tante, son père, sa sœur, sa cousine germaine, sa cousine au second degré, sa belle-sœur, son frère.

k Par derrière. En lui introduisant un bâton de dynamite dans le vagin. Avec un épi de maïs (à faire précéder par une citation de Faulkner que fait par hasard l'architecte radical. Voir f et g.). Par cunnilinctus. En la frappant sauvagement. En mettant des vêtements féminins. En se déguisant de façon à ressembler à son propre père (grand-mère, tante, mère, frère, cousine). Habillé en milicien. Habillé en marine. Avec un masque en plastique de Diabolik. Habillé en SS. Habillé en radical. Habillé à la Scorpio Rising. En complet signé Paco Rabane. En costume ecclésiastique.

l S'arrose d'essence. Avale des somnifères. Ne se tue pas, mais songe à le faire (séquence onirique). La (le) tue. Se masturbe en chantant le Salve Regina. Appelle S.O.S. Amitié. Fais sauter le bureau de poste. Urine sur le tombeau de famille. Brûle la photo qui le représente enfant en train de rire sauvagement. Chante la *Norma*.

172

m Mourre chinoise. Soldats de plomb. Brisque. Quinze. Main chaude. Trou-madame. Solitaire. Furet.

n Sa tante. Sa grand-mère. Sa petite sœur ingénue. Lui-même dans la glace. Sa mère morte (séquence onirique). Le facteur de passage. La vieille gouvernante. Michel Droit. Un des frères Bellocchio (au choix).

Sujet multiple pour Luchino Visconti

Baronne[a] hanséatique[b] lesbienne trahit son amant[c] ouvrier chez Citroën[d] en le dénonçant[e] à la police[f]. Il meurt[g] et, elle, repentie[h], organise une grande fête[i] orgiaque[j] dans les souterrains de l'Opéra[k] avec des travestis[l] et s'empoisonne[m].

TRANSFORMATIONS

a Duchesse. Fille de pharaon. Marquise. Actionnaire de la Du Pont de Nemours. Musicienne d'Europe centrale.

b De Monaco. Sicilienne. Aristocrate pontificale. De Gene-villiers.

c Son amante. Son mari. Son fils avec lequel elle a des rapports incestueux. Sa sœur avec laquelle elle a des rapports incestueux. L'amant de sa fille, avec laquelle elle a des rapports incestueux et qu'elle trahit avec celui-ci. L'Oberkommandanturweltanschauung-götterdämmerungführer des SA de Haute Silésie. Le giton de son mari impuissant et raciste.

d Pêcheur dans les îles anglo-normande. Monteur à la SNIAS. *River boat gambler. Mad doctor* dans un camp de concentration nazi. Commandant de la cavalerie légère du pharaon. Aide de camp de Radetzky. Lieute-nant de Clémenceau. Gondolier.

e En lui donnant de fausses indications sur le parcours à suivre. En lui confiant un faux message secret. En lui donnant rendez-vous dans un cimetière la nuit du vendredi saint. En le déguisant en fille de Rigoletto et en l'enfermant dans un sac. En ouvrant une trappe dans le salon du château ancestral au moment où il chante l'*André Chénier* déguisé en Marlène Dietrich.

f Chante une romance de l'*Aida*. Part sur une barque de pêche à destination de Malte et ne donne plus de nouvelles. Est frappé à coups de barre de fer au cours d'une grève perlée. Se fait sodomiser par un escadron de uhlans à la solde du prince de Hombourg. Contracte une maladie vénérienne en ayant des rapports sexuels avec Vanina Vanini. Est vendu comme esclave au Grand Sultan et, retrouvé par les Borgia au Marché aux puces, est utilisé comme descente de lit par la fille du pharaon.

g Nullement repentie et folle de joie. Devenue folle. Se baignant à Deauville au son des balalaïkas.

h Une cérémonie funèbre. Un rite satanique. Un **Te Deum** d'action de grâce.

i Mystique. Théâtrale. Baroque. Lamentative. Scatologique. Sadomasochiste.

j Au Père-Lachaise. Dans le bunker d'Hitler. Dans un château de la Forêt Noire. Au service 215 de Berliet À l'Hôtel des Bains de Cabourg.

k Avec des enfants dépravés. Avec des homosexuels allemands. Avec des choristes du *Trouvère*. Avec des lesbiennes vêtues en soldats des Bourbons. Avec le cardinal de Richelieu et Cromwell. Avec Jean-Louis Barrault. Avec Gustav Mahler.

l Assiste au cycle complet de l'*Anneau des Nibelungen*. Joue des chansons bourguignonnes sur une guimbarde. Au plus fort de la fête, elle se déshabille complètement et révèle qu'elle est un homme, puis s'émascule. Elle meurt de consomption en se drapant dans des tapisseries des Gobelins. Avale de la cire liquide et entre au musée Grévin. Se fait trancher la gorge par un tourneur en prononçant d'obscures prophéties. Attend la marée haute au Mont-Saint-Michel et se noie.

LETTRE À MON FILS

Cher Stefano,

Noël approche et les magasins du centre seront bientôt envahis par des pères tout excités qui joueront la comédie de la générosité annuelle — eux qui ont attendu avec une joie hypocrite ce moment où ils pourront s'acheter, sous prétexte de les offrir à leurs enfants, les trains électriques, les théâtres de marionnettes, les jeux de fléchettes et les ping-pong d'appartement dont ils rêvent. Moi, je vais voir, car, cette année, ce n'est pas encore mon tour ; tu es trop petit et les jouets Montessori ne m'amusent pas beaucoup, sans doute parce que je n'éprouve aucun plaisir à me les mettre dans la bouche, même si la notice m'explique qu'il n'est pas possible que je les avale. Non, il me faut attendre deux, trois, peut-être quatre ans. Puis mon tour viendra ; la phase de l'éducation maternelle arrivera à son terme ; l'ère du nounours en peluche sera révolue et le moment sera venu où je commencerai, moi, à façonner ta conscience de citoyen, avec la douce et sacro-sainte violence de la *patria potestas*. Et alors, mon cher Stefano...

Alors, je t'offrirai des fusils. À double canon. À répétition. Des mitraillettes. Des canons. Des bazookas. Des sabres. Des armées de soldats sur le pied de guerre

176

Des châteaux avec des ponts-levis. Des forteresses à assiéger. Des casemates, des poudrières, des cuirassés, des avions à réaction. Des mitrailleuses, des poignards, des revolvers à barillet. Des colts, des winchesters, des rifles, des chassepots, des modèles 1891, des garands, des obusiers, des couleuvrines, des bombardes, des arcs, des frondes, des arbalètes, des balles de plomb, des catapultes, des falariques, des grenades, des balistes, des épées, des piques, des harpons, des hallebardes et des grappins d'abordage ; et des pièces de huit, celles du capitaine Flint (en souvenir de Long John Silver et de Ben Gun). Des rapières, de celles qui plaisaient tant à don Barrejo, et des lames de Tolède, de celles avec lesquelles on fait le coup des trois pistoles, pour étendre raide mort le marquis de Montélimar, ou la botte du Napolitain, par laquelle le baron de Sigognac foudroyait le premier bravache qui tentait de lui enlever son Isabelle ; et puis des haches d'armes, des pertuisanes, des poignards, des kriss, des javelots, des cimeterres, des viretons et des cannes-épées, comme celle qui tua John Carradine, tombé mort sur le troisième rail — et tant pis pour celui qui ne s'en souvient pas. Des sabres d'abordage à faire pâlir Carmaux et Van Stiller, des pistolets ornés d'arabesques, que sir James Brook ne posséda jamais (sinon, il ne se serait pas avoué vaincu devant la sardonique énième cigarette du Portugais) ; et des stylets à la lame triangulaire, comme celui avec lequel, tandis que le jour s'éteignait très doucement à Clignancourt, le disciple de sir Williams donna la mort au sicaire Zampa, une fois qu'il eut consommé le matricide sur la personne de la vieille et sordide Fipart ; et des poires d'angoisse, comme celle qui fut introduite dans la bouche du geôlier La Ramée, alors que le duc de Beaufort, qui avait rendu plus charmeuse encore sa barbe cuivrée en la lissant longuement avec un peigne de plomb, s'éloignait au galop, savourant à l'avance la fureur de Mazarin ; et des bouches à feu chargées de cloutaille, à tirer lorsqu'on a les dents rougies par le bétel, des fusils à la crosse de nacre, à empoigner sur des coursiers arabes au poil luisant et au jarret nerveux ; des arcs très rapides, à faire verdir le shérif de Nottingham, et des couteaux à scalp, comme en eut Minnehaha ou (toi qui es bilingue) Winnetou. Des pistolets petits et plats, à glisser dans la redingote, pour les coups de gentleman cambrioleur, ou des lugers très lourds, qui déforment les poches ou font une bosse sous l'aisselle, à la Michael Shayne. Et encore des fusils. Des fusils de Ringo, de Wild Bill Hitchcock, ou de Sambigliong, qui se chargent par la bouche. Bref, des armes, mon cher enfant, beaucoup d'armes, uniquement des armes. C'est cela que tu auras à chacun de tes Noëls.

Vous me surprenez, Monsieur — me dira-t-on — : vous qui militez dans un comité pour le désarmemnt atomique et flirtez avec les comités pour la paix, qui faites des marches de protestation et professez des mystiques à l'Aldermaston. Je me contredis ? Eh bien, je me contredis (Walt Withman).

J'avais promis un cadeau au fils d'un de mes amis, et j'entrai, un matin, dans le grand magasin de Francfort pour demander un beau revolver à barillet. On me regarda d'un air scandalisé. « Nous ne faisons pas de jouets guerriers, Monsieur. » De quoi vous réfrigérer. Je sortis mortifié et tombai nez à nez avec deux hommes de la Bundeswehr qui passaient sur le trottoir. Je revins à la réalité. On ne m'aurait plus comme ça : dorénavant, je m'en tiendrais uniquement à mon expérience personnelle et je me défierais des pédagogues.

J'ai eu une enfance fortement, exclusivement guerrière : je tirais, au milieu des arbustes, avec des sarbacanes confectionnées au pied levé, me tapissais derrière les rares voitures en stationnement en faisant feu avec mon fusil à répétition, conduisais des attaques à l'arme blanche, me lançais à corps perdu dans de sanglantes batailles. À la maison, des soldats de plomb. Des armées entières, engagées dans d'épuisantes manœuvres stratégiques ; opérations qui duraient des semaines, campagnes interminables au cours desquelles je mobilisais ce qui restait de mon ours en peluche et les poupées de ma sœur. J'organisais des bandes d'aventuriers, me faisais appeler par une poignée de brigands à la fidélité sans faille « la terreur de la piazza Genova » (aujourd'hui piazza Matteoti). Un jour, je décidai de dissoudre une formation de « Lions Noirs » pour fusionner avec une autre bande plus forte, au sein de laquelle je mis sur pied un pronunciamento qui eut une issue désastreuse. Réfugié dans le Montferrat, je fus enrôlé de force dans la Bande du Cantonnier et subis une cérémonie d'initiation qui consista en cent coups de pied au derrière et un emprisonnement de trois heures dans un poulailler. Nous combattîmes contre la bande de Rio Nizza, des types sales comme des peignes et mauvais comme la gale. La première fois, j'eus peur et je m'enfuis ; la deuxième, je pris un caillou sur la lèvre, et encore maintenant, j'ai comme un kyste sur le bord interne, que je peux sentir avec la langue. (Puis vint la guerre, la vraie. Les partisans nous prêtaient leur Sten pour quelques secondes, et nous vîmes quelques amis morts, avec un trou dans le front. Mais nous devenions peu à peu adultes et nous allions sur les bords du Belbo surprendre ceux de dix-huit ans qui faisaient l'amour, en dehors des moments où nous étions en proie aux premières crises de mysticisme).

De cette orgie de jeux guerriers est sorti un homme qui a réussi à faire dix-huit mois de service militaire sans toucher un fusil et en consacrant les longues heures de caserne à d'austères études de philosophie médiévale ; un homme qui s'est rendu coupable de bien des iniquités, mais a toujours été exempt du sinistre crime qui consiste à aimer les armes et à croire à la sainteté et à l'efficacité de la valeur guerrière. Un homme qui ne comprend la vertu des armées que lorsqu'il les voit accourir en pataugeant dans la boue du Vajont [1] pour retrouver une sereine et noble vocation civile. Qui ne croit absolument pas aux guerres justes, et admet uniquement les guerres civiles où celui qui se bat le fait malgré lui, à son corps défendant et à ses risques et périls, en souhaitant que cela finisse le plus vite posible, et parce que l'honneur est vraiment en jeu et qu'on ne peut pas l'éviter.

Je crois devoir cette profonde, systématique, fondée et raisonnée horreur de la guerre aux sains et innocents exutoires, platoniquement sanguinaires, qui m'ont été accordés dans mon enfance, de même que l'on sort d'un western (après une magistrale bagarre, de celles qui font s'écrouler les murs du saloon, où l'on fracasse les tables et les grands miroirs, où l'on tire sur le pianiste et où l'on fait voler les vitres en éclats) plus propre, généreux et détendu, disposé à sourire au passant qui vous heurte de l'épaule, à porter secours au moineau tombé du nid — comme Aristote le savait si bien, lui qui demandait à la tragédie d'agiter devant nos yeux le drapeau rouge du sang, pour nous purifier à fond avec le divin purgatif de la catharsis finale.

Je m'imagine au contraire l'enfance d'Eichmann. Penché, avec un regard d'expert-comptable de la mort, sur le casse-tête de son Meccano, suivant méticuleusement les instructions du mode d'emploi ; impatient d'ouvrir la boîte multicolore du « petit chimiste », sadique dans sa façon de disposer ses outils de « joyeux menuisier », avec le rabot large de quelques doigts et la scie de vingt centimètres sur un morceau de contre-plaqué. Craignez les enfants qui construisent des grues en modèle réduit ! Dans leurs esprits froids et déformés de mathématiciens en herbe, ils sont en

1 . Région inondée à la suite de la rupture d'un barrage. N.D.T.

train d'accumuler les complexes atroces qui hanteront leur âge mûr. Dans chaque petit monstre qui actionne les aiguillages de son train électrique, je vois le futur directeur d'un camp de la mort ! Gare, s'ils aiment les collections de voitures miniatures, que l'industrie du jouet n'a aucun scrupule à leur proposer en fac-similés parfaits, avec le porte-bagages qui se relève et les vitres qui coulissent — jeu terrifiant pour les futurs adjudants d'une armée électronique qui appuieront avec indifférence sur le bouton rouge d'une guerre atomique !

Vous pouvez les identifier dès maintenant. Les gros spéculateurs de l'immobilier, les spécialistes de l'expulsion en plein hiver, qui ont façonné leur personnalité sur l'infâme Monopoly, s'habituant à l'idée du commerce d'immeubles et de la cession désinvolte de paquets d'actions. Les pères Grandet d'aujourd'hui qui ont sucé le lait de l'accumulation et du gain en bourse avec les billets de tombola. Les planificateurs de l'extermination formés par le Meccano ; les morts vivants de la bureaucratie qui ont préparé leur mort spirituelle avec les albums de timbres-poste.

Et demain ? Qu'adviendra-t-il d'une enfance à laquelle le Noël industriel apporte des poupées américaines qui parlent, chantent et marchent toutes seules ; des automates japonais qui sautent et dansent sans que la pile soit jamais usée ; des voitures radioguidées dont on ignorera toujours le mécanisme ?...

Stefano, mon fils, je t'offrirai des fusils. Parce qu'un fusil n'est pas un jeu. C'est le point de départ d'un jeu. À partir de là, tu devras inventer une situation, un ensemble de rapports, une dialectique d'événements. Tu devras faire « poum » avec la bouche, et tu découvriras que le jeu vaut par ce que tu mets dedans. et non par ce que tu y trouves de tout fait. Tu imagineras que tu détruis des ennemis, et tu satisferas une impulsion ancestrale que même la meilleure des civilisations ne réussira jamais à te masquer, à moins de faire de toi un névrosé bon pour les tests d'aptitude professionnelle de Rorschach. Mais tu comprendras que détruire les ennemis est une convention ludique, un jeu parmi d'autres, et tu apprendras ainsi que c'est une pratique étrangère à la réalité, dont tu connais bien les limites en jouant. Tu te libéreras de tes rages, de tout ce que tu réprimes en toi, et tu seras prêt à accueillir d'autres messages, qui n'ont pour objet ni mort ni destruction ; il sera important, au contraire, que mort et destruction t'apparaissent à jamais comme des produits de l'imagination, ainsi que le loup du petit chaperon rouge, que chacun de nous a haï sans que soit née de là une haine irraisonnée pour les chiens-loups.

Mais ce n'est peut-être pas tout, et ce ne sera pas tout. Je ne te permettrai pas de faire feu de tes deux colts à titre de défoulement nerveux, de purification ludique des instincts congénitaux, en remettant à plus tard, après épuration faite, la « part constructive », la communication des valeurs. Je chercherai à te donner déjà quelques idées quand tu seras en train de tirer au pistolet, caché derrière un fauteuil .

Avant tout, je ne t'apprendrai pas à tirer sur les Indiens. Je t'apprendrai à tirer sur les trafiquants d'armes et d'alcool qui détruisent les réserves indiennes. Et sur les esclavagistes du Sud, qui ne manqueront pas de voir en toi un partisan de Lincoln. Je ne t'apprendrai pas à tirer sur les cannibales congolais, mais sur les marchands d'ivoire, et, dans un moment de faiblesse, je te montrerai peut-être comment faire sauter à la poêle le père Livingstone, *I suppose*. Nous jouerons du côté des Arabes contre Lawrence, qui, avant tout, ne m'a jamais semblé un bien beau modèle de virilité pour les jeunes gens comme il faut. Si nous jouons aux Romains, nous serons dans le camp des Gaulois, qui étaient des Celtes, comme nous autres

Piémontais, et plus propres que ce Jules César, que tu devras bien vite apprendre à regarder avec méfiance, car on n'ôte pas les libertés à une communauté démocratique en lui laissant en aumône, après sa mort, des jardins pour aller s'y promener. Nous serons du côté de Taureau Assis contre cet individu répugnant que fut le général Custer. Du côté des Boxers, naturellement. Du côté de Fantômas plutôt que de Juve, trop fidèle à son devoir pour refuser, à l'occasion, de matraquer un Algérien. Mais là, je plaisante : je t'apprendrai, certes, que Fantômas était méchant, mais je n'irai pas te raconter, complice de la corruptrice baronne d'Orczy, que Primevère Rouge était un héros. C'était un sale Vendéen qui faisait des ennuis au bon Danton et à l'intègre Robespierre, et, si nous jouons, tu prendras part à la prise de la Bastille.

Ce seront des jeux formidables, pense un peu. Et nous les ferons ensemble ! Ah, tu voulais nous faire manger des brioches ? En avant, monsieur Santerre, faites rouler les tambours ! Tricoteuses du monde entier, joyeux tricotages ! Aujourd'hui, on joue à la décapitation de Marie-Antoinette ! Pédagogie perverse ? Qui est-ce qui dit cela ? Vous, Monsieur, qui êtes en train de faire un film sur le héros Fra Diavolo, voleur de grand chemin s'il en fut à la solde des propriétaires fonciers et des Bourbons ? Avez-vous jamais enseigné à votre fils à jouer à Carlo Pisacane [1], ou n'avez-vous pas plutôt permis à l'école élémentaire et au rimailleur Mercantini de le faire passer aux yeux de nos enfants pour un doux idiot à apprendre par cœur ?

Et vous, vous qui êtes antifasciste pour ainsi dire de naissance, avez-vous jamais joué avec votre fils aux partisans ? Vous êtes-vous jamais tapi derrière le lit, faisant comme si vous étiez dans les *Langhe* et criant : « Attention, la Brigade Noire arrive par la droite, ratissage, ratissage,

---

1 Écrivain martyr de l'indépendance italienne.

on tire, feu sur les nazis ! » ? Vous préférez offrir à votre fils des jeux de construction et l'envoyer avec la domestique voir les films racistes qui exaltent la destruction de la nation indienne.

Ainsi, cher Stefano, je t'offrirai des fusils. Et je t'apprendrai à jouer à des guerres très compliquées, où la vérité ne se trouve jamais d'un seul côté, où l'on doit signer, à l'occasion, des armistices. Tu te défouleras, dans tes jeunes années ; tes idées s'embrouilleront un peu, mais des convictions naîtront lentement en toi. Puis, une fois adulte, tu croiras que tout cela n'aura été qu'un conte : le chaperon rouge, Cendrillon, les fusils, les canons, l'homme contre l'homme, la sorcière contre les sept nains, les armées contre les armées. Mais si d'aventure, quand tu seras grand, il y a encore les monstrueuses figures de tes rêves d'enfant, les sorcières, les kobolds, les armées, les bombes, les mobilisations générales, peut-être que tu auras acquis une conscience critique à l'égard des fables, et que tu apprendras à te mouvoir de façon critique dans le monde réel.

TABLE

Si vous désirez être régulièrement tenu au courant de nos publications, merci de bien vouloir remplir ce questionnaire et nous le retourner :

Éditions 10/18
c/o 10 Mailing
35, rue du Sergent Bauchat
75012 Paris

NOM : _

PRENOM : _ _ _ _ _ _ _ _ _ _ _ _ _ _ _ _ _ _

ADRESSE : _ _ _ _ _ _ _ _ _ _ _ _ _ _ _ _ _

_ _

CODE POSTAL : _ _ _ _ _ _ _ _ _ _ _ _ _ _

VILLE : _ _ _ _ _ _ _ _ _ _ _ _ _ _ _ _ _ _ _

PAYS : _ _ _ _ _ _ _ _ _ _ _ _ _ _ _ _ _ _ _

AGE : _

PROFESSION : _ _ _ _ _ _ _ _ _ _ _ _ _ _ _

TITRE de l'ouvrage dans lequel est insérée cette page :

Pastiches et postiches, n° 2772

Imprimé en France sur Presse Offset par

BRODARD & TAUPIN

GROUPE CPI

La Flèche (Sarthe), 5359

N° d'édition : 2707
Dépôt légal : octobre 1996
Nouveau tirage : décembre 2000